van Schayck
Städtebau

Mai '99

D1668225

Werner-Ingenieur-Texte WIT

Städtebau
kurz und bündig

Eine praxisorientierte städtebauliche Planungshilfe

Prof. Dipl.-Ing. Edgar van Schayck
Ministerialrat a. D.

Werner Verlag

1. Auflage 1999

Die Deutsche Bibliothek – CIP-Einheitsaufnahme

Schayck, Edgar van:
Städtebau – kurz und bündig.
Eine praxisorientierte städtebauliche Planungshilfe / Edgar van Schayck.
– 1. Aufl. – Düsseldorf : Werner, 1999
(Werner-Ingenieur-Texte)
ISBN 3-8041-3476-9

© Werner Verlag GmbH & Co. KG · Düsseldorf · 1999
Printed in Germany
Alle Rechte, auch das der Übersetzung, vorbehalten.
Ohne ausdrückliche Genehmigung des Verlages ist es auch nicht gestattet,
dieses Buch oder Teile daraus auf fotomechanischem Wege
(Fotokopie, Mikrokopie) zu vervielfältigen sowie die Einspeicherung und
Verarbeitung in elektronischen Systemen vorzunehmen.

Zahlenangaben ohne Gewähr.

Offsetdruck: RODRUCK, Düsseldorf

Archiv-Nr.: 1082-3.99
Bestell-Nr.: 3-8041-3476-9

Inhaltsverzeichnis

Vorwort			XI
1	**Bauplanungsrechtliche Bereiche**		1
	Abb. 1.1	Bauplanungsrechtliche Bereiche	2
	Abb. 1.2	Die planungsrechtlichen Bereiche für die Zulassung von Vorhaben	3
2	**Vorhaben im unbeplanten Innenbereich**		4
2.1	Übersicht		4
	Abb. 2.1	Aufteilung des unbeplanten Innenbereiches bezügl. der Beurteilung von Vorhaben	4
2.2	Innenbereich mit Gebietscharakter		5
	Abb. 2.2	Grundstück inmitten eines Baugebietes aus der BauNVO	5
2.3	Innenbereich ohne Gebietscharakter		6
	Abb. 2.3	Grundstück inmitten eines nicht eindeutig zu bestimmenden Baugebietes	6
3	**Vorhaben im beplanten Innenbereich**		7
3.1	Übersicht		7
	Abb. 3.1	Aufteilung des bebauten Innenbereiches	7
3.2	Qualifizierter Bebauungsplan		8
	Tab. 3.1	Mindestfestsetzungen nach § 30 Abs. 1 BauGB	8
	Abb. 3.2	Vorhaben im qualifizierten Bebauungsplan	9
3.3	Einfacher Bebauungsplan		10
	Abb. 3.3	Vorhaben im einfachen Bebauungsplan	11
4	**Vorhaben im Außenbereich**		11
4.1	Übersicht		11
	Abb. 4.1	Vorhaben im Außenbereich/Übersicht	11
	Abb. 4.2	Aufteilung des Außenbereiches bezüglich der Beurteilung von Vorhaben	12
4.2	Privilegiertes Vorhaben		13
	Abb. 4.3	Privilegiertes Vorhaben	13
	Abb. 4.4	Sonstiges Vorhaben	14
4.3	Sonstiges Vorhaben		14
4.4	Begünstigtes Vorhaben		15
	Abb. 4.5	Begünstigtes Vorhaben im Außenbereich	15
5	**Art der baulichen Nutzung**		16
5.1	Darstellungen im Flächennutzungsplan		16

5.2	Festsetzungen im Bebauungsplan			17
	5.2.1	WS-/WR-/WA-/WB-Gebiete		17
		5.2.1.1	Kleinsiedlungsgebiete (WS-Gebiete)	18
		5.2.1.2	Reine Wohngebiete (WR-Gebiete)	19
		5.2.1.3	Allgemeine Wohngebiete (WA-Gebiete)	20
		5.2.1.4	Besondere Wohngebiete (WB-Gebiete)	21
	5.2.2	MD-/MI-/MK-Gebiete		22
		5.2.2.1	Dorfgebiete (MD-Gebiete)	23
		5.2.2.2	Mischgebiete (MI-Gebiete)	24
		5.2.2.3	Kerngebiete (MK-Gebiete)	25
	5.2.3	GE-/GI-Gebiete		26
		5.2.3.1	Gewerbegebiete (GE-Gebiete)	27
		5.2.3.2	Industriegebiete (GI-Gebiete)	28
	5.2.4	Sondergebiete (SO-Gebiete)		29
		5.2.4.1	Sondergebiete, die der Erholung dienen	30
		5.2.4.2	Sonstige Sondergebiete	31
5.3	Besondere Regelungen zur Gliederung oder Aufteilung			32

6 Maß der baulichen Nutzung ... 33

6.1	Bauliche Dichte		33
	Abb. 6.1	Städtebauliche Dichte bei unterschiedlichen Wohnbaugebieten	33
6.2	Höhe baulicher Anlagen		36
	Abb. 6.2	Höhe der baulichen Anlagen	36
6.3	Grundflächenzahl (GRZ), zulässige Grundfläche (GR)		37
	Abb. 6.3	Grundflächen (GR)	37
	Abb. 6.4	Mitanzurechnende Grundflächen zur Ermittlung der Grundflächenzahl (GRZ)	38
	Tab. 6.1	Obergrenzen für das Maß der baulichen Nutzung	39
6.4	Geschoßflächenzahl (GFZ), Geschoßfläche (GF)		40
	Abb. 6.5	Geschoßfläche (GF)	40
	Abb. 6.6	Mitanzurechnende Flächen zur Ermittlung der Geschoßfläche	41
	Abb. 6.7	Nicht mitanzurechnende Flächen zur Ermittlung der Geschoßflächenzahl	42
6.5	Baumassenzahl (BMZ), Baumasse (BM)		43
	Abb. 6.8	Baumasse (BM)	43

7 Bauweise ... 44

7.1	Allgemeines		44
7.2	Offene Bauweise		44
	Abb. 7.1–7.5	Möglichkeiten der Bebauung bei offener Bauweise	45
7.3	Geschlossene Bauweise		47
	Abb. 7.6–7.8	Möglichkeiten der Bebauung bei geschlossener Bauweise	47

7.4	Abweichende Bauweise	49
	Abb. 7.9–7.10 Möglichkeiten der Bebauung bei abweichender Bauweise	49
8	**Überbaubare Grundstücksflächen**	**50**
8.1	Allgemeines	50
8.2	Baulinie	50
	Abb. 8.1 Baulinien	50
8.3	Baugrenze	51
	Abb. 8.2 Baugrenzen	51
8.4	Bautiefe	52
	Abb. 8.3 Bautiefen	52
8.5	Nebenanlagen bei überbaubaren Grundstücksflächen	53
9	**Abstandsflächen**	**54**
	Abb. 9.1 Abstandsflächen nach MBauO; hier: Mindestabstandsflächen	55
	Abb. 9.2 Abstandsflächen nach MBauO; hier: Tiefe der Abstandsflächen	56
	Abb. 9.3–9.4 Privilegierung von Abstandsflächen nach MBauO	57
10	**Vollgeschoß**	**59**
	Abb. 10.1 Vollgeschoß	59
	Abb. 10.2 Kellergeschoß als Vollgeschoß	59
	Abb. 10.3 Dachgeschoß als Vollgeschoß	60
11	**Bauleitplanverfahren**	**61**
	Tab. 11.1 Verfahrensablauf für einen B-Plan (vereinfacht dargestellt)	61
12	**Inhalt des Flächennutzungsplanes**	**64**
13	**Inhalt des Bebauungsplanes**	**69**
13.1	Allgemeines	69
13.2	Festsetzungen	69
	Abb. 13.1– 13.3 Höhe baulicher Anlagen	70
	Abb. 13.4 Bauweise	71
	Abb. 13.5 Einfache Reihe	72
	Abb. 13.6 Gegliederte Reihe	72
	Abb. 13.7 Höfe	72
	Abb. 13.8 Platz	72
	Abb. 13.9 Größe von Baugrundstücken	73
	Abb. 13.10 Fläche für Nebenanlagen aufgrund anderer Vorschriften	74

	Abb. 13.11	Flächen für Gemeinbedarf und Flächen für Sportanlagen	75
	Abb. 13.12	Von Bebauung freizuhaltende Flächen	77
	Abb. 13.13	Verkehrsflächen und Verkehrsflächen besonderer Zweckbestimmung	79
	Abb. 13.14	Versorgungsflächen	80
	Abb. 13.15	Versorgungsleitungen	80
	Abb. 13.16	Flächen für Abfallentsorgung und Flächen für Abwasserbeseitigung	81
	Abb. 13.17	Öffentliche und private Grünflächen	82
	Abb. 13.18	Wasserflächen	83
	Abb. 13.19	Flächen für die Gewinnung von Bodenschätzen	84
	Abb. 13.20	Flächen für Landwirtschaft und Wald	84
	Abb. 13.21	Flächen für die Errichtung von Anlagen zur Kleintierhaltung	85
	Abb. 13.22	Flächen für Maßnahmen zum Schutz, zur Pflege und zur Entwicklung von Boden, Natur und Landschaft	85
	Abb. 13.23	Flächen für Geh-, Fahr- und Leitungsrechte	86
	Abb. 13.24	Flächen für bestimmte Gemeinschaftsanlagen	87
	Abb. 13.25	Flächen zum Schutz vor schädlichen Umwelteinwirkungen	88
	Abb. 13.26	Anlagen zum Schutz vor schädlichen Umwelteinwirkungen	88
	Abb. 13.27	Anpflanzungen	89
	Abb. 13.28	Erhaltung von Pflanzungen	90
	Abb. 13.29	Flächen für Abgrabungen und Stützmauern	91
	Abb. 13.30	Höhenlagen von Baugebieten	92
13.3	Kennzeichnungen		92
13.4	Nachrichtliche Übernahmen		93

14 Entwicklungsgebot 94

	Tab. 14.1	Entwicklung von Plänen	94

15 Kontrolle der Planung durch Bürger und Gerichte 97

15.1	Allgemeines		97
15.2	Direkte Normenkontrolle		97
	Tab. 15.1	Normenkontrolle	97
15.3	Inzidentkontrolle		98
	Tab. 15.2	Inzidentkontrolle	98
15.4	Wirksamkeitsvoraussetzungen		99
	Tab. 15.3	Wirksamkeitsvoraussetzungen von Bebauungsplänen (unvollständig)	99
	Tab. 15.4	Fristen für die Geltendmachung von Verletzungen und Mängeln	100

15.5 Überprüfung von Verwaltungsakten 101
    Tab. 15.5   Überprüfung eines Verwaltungsaktes 101

16 Gestaltung baulicher Anlagen 102
    Abb. 16.1   ÖBV-Beispiel: Form und Neigung von Dächern 102
    Abb. 16.2   Dachformen 103
    Abb. 16.3   ÖBV-Beispiel: Dachgauben 104
    Abb. 16.4   ÖBV-Beispiel: Fenster 105
    Abb. 16.5   ÖBV-Beispiel: Türen und Vordächer 106
    Abb. 16.6   ÖBV-Beispiel: Einfriedungen 107
    Abb. 16.7   ÖBV-Beispiel: Gestaltung nicht überbaubarer Flächen 108

17 Städtebauliche Entwicklungsmaßnahme 109
    Tab. 17.1   Verfahrensablauf einer städtebaulichen Entwicklungsmaßnahme 110

18 Stichwortverzeichnis 111

Vorwort

Viele Menschen aus Politik und Verwaltung, interessierte und betroffene Bürger sowie Studenten haben eines gemeinsam: Sie befassen sich erstmals mit dem Baurecht. Manche müssen vor baurechtsbezogenen Begriffen kapitulieren, andere durchschauen verfahrenstechnische Abläufe nur schwer, und weitere verzetteln sich im Paragraphendschungel der einschlägigen Baugesetze.

Das Buch „Städtebau – kurz und bündig" bietet hier die geeignete Hilfe. Denn die wichtigsten Begriffe, Verfahren und Elemente aus dem städtebaulichen Planungs- und Bauordnungsrecht werden kurz und übersichtlich erläutert und in anschaulicher Form mittels Zeichnung oder Tabelle dargestellt. Es besteht die Möglichkeit, einzelne Begriffe gezielt bei Bedarf nachzulesen oder sich systematisch einen Einstieg in das sonst so komplizierte Baurecht zu verschaffen. Unwissende Ratsherren, schlecht informierte Verwaltungsangehörige, ungerechtfertigt aufgeregte Nachbarn oder in Klausuren durchgefallene Studenten dürfte es nach dem Lesen des Buches „Städtebau – kurz und bündig" eigentlich nicht mehr geben.

Mein Dank gilt Britta Carlson, die für die EDV-gesteuerte Umsetzung des Manuskriptes und das Layout zuständig war. Außerdem hat sie sämtliche Zeichnungen erstellt. Mein weiterer Dank gilt Dirk Meyer für die Korrekturumsetzungen und Nachbearbeitungen bis zur endgültigen Fertigstellung des Buches.

1 Bauplanungsrechtliche Bereiche

Der Gesetzgeber unterscheidet im Bauplanungsrecht folgende Bereiche:

- **Unbeplanter Innenbereich:**
  innerhalb der im Zusammenhang bebauten Ortsteile; Bereich von vorhandener Bebauung mit nicht zu großen Baulücken

- **Beplanter Innenbereich:**
  durch Bebauungsplan oder Vorhaben und Erschließungsplan beplanter Bereich

- **Außenbereich**

Bezüglich der Beurteilung, ob ein geplantes Vorhaben in einem der bauplanungsrechtlichen Bereiche (unbeplanter Innenbereich, beplanter Innenbereich, Außenbereich; siehe Abb. 1.1) zulässig ist, werden im Bauplanungsrecht **weitere Unterschiede** getroffen. Durch die differenzierte Beurteilung von geplanten Vorhaben können spezifische Situationen besser berücksichtigt werden. Dies können u. a.

- regionale Besonderheiten in der Siedlungsentwicklung (z. B. bandartige, kilometerlange Fehndörfer im Emsland)
- eine für die nähere Umgebung des geplanten Vorhabens untypische vorhandene Art der baulichen Nutzung (z. B. ehemalige Molkereigebäude am Rande eines Wohngebietes) oder
- individuell architektonische Ansprüche (z. B. Erddachhaus in einem Ferienhausgebiet)

sein. Daher hat der Gesetzgeber **die bauplanungsrechtlichen Bereiche** weiter unterteilt (siehe Abb. 1.2).

1 Bauplanungsrechtliche Bereiche

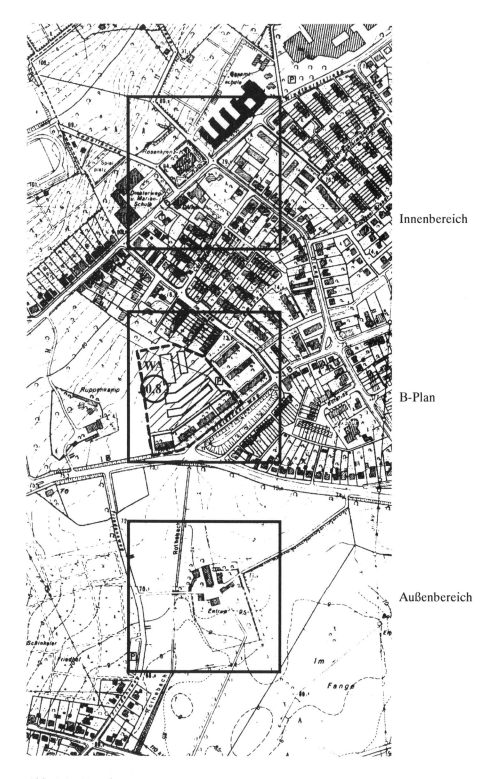

Abb. 1.1 Bauplanungsrechtliche Bereiche

1 Bauplanungsrechtliche Bereiche

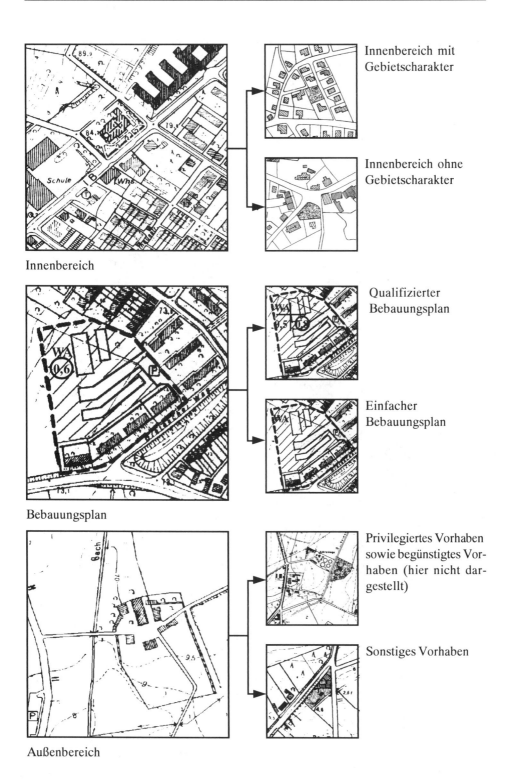

Abb. 1.2 Die planungsrechtlichen Bereiche für die Zulassung von Vorhaben

2 Vorhaben im unbeplanten Innenbereich
2.1 Übersicht

Beim unbeplanten Innenbereich handelt es sich gemäß § 34 BauGB um **innerhalb der im Zusammenhang bebaute Ortsteile**, für die keine Planung in Form von Bebauungsplänen oder Vorhaben- und Erschließungsplänen vorliegen.

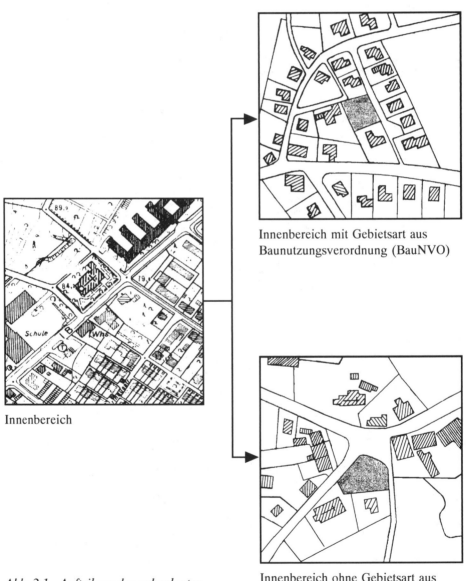

Abb. 2.1 Aufteilung des unbeplanten Innenbereiches bezügl. der Beurteilung von Vorhaben

2.2 Innenbereich mit Gebietscharakter

Der innerhalb im Zusammenhang bebaute Ortsteil muß hinsichtlich der Eigenart der näheren Umgebung des geplanten Vorhabens einem **Baugebiet** aus der **Baunutzungsverordnung** (BauNVO) entsprechen, also einem

- Kleinsiedlungsgebiet (WS)
- reinen Wohngebiet (WR)
- allgemeinen Wohngebiet (WA)
- besonderen Wohngebiet (WB)
- Dorfgebiet (MD)
- Mischgebiet (MI)
- Kerngebiet (MK)
- Gewerbegebiet (GE)
- Industriegebiet (GI) oder
- Sondergebiet (SO)

In diesem Fall beurteilt sich gemäß § 34 Abs. 2 BauGB die Zulässigkeit eines Vorhabens nach seiner **Art der baulichen Nutzung** allein danach, ob es in einem der o. g. Baugebiete **allgemein zulässig** wäre. Die weitere Beurteilung hinsichtlich
- Maß der baulichen Nutzung (GRZ, GFZ, BMZ, Höhe der baulichen Anlagen)
- Bauweise (offen, geschlossen, abweichend) und
- überbaubare Grundstücksfläche

richtet sich dann nach der **Eigenart der näheren Umgebung** des geplanten Vorhabens. Das Vorhaben muß sich entsprechend o. g. Kriterien einfügen.
Außerdem muß die Erschließung für das geplante Vorhaben im unbeplanten Innenbereich gesichert sein.
Weiterhin müssen die Anforderungen an gesunde Wohn- und Arbeitsverhältnisse gewahrt bleiben.
Und schließlich darf das geplante Vorhaben das Ortsbild nicht beeinträchtigen.

 vorhandene Gebäude

 Anbau

 Grundstück für geplantes Vorhaben

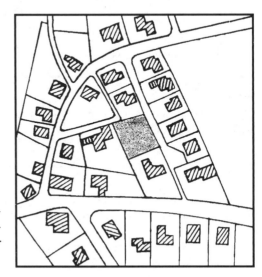

Abb. 2.2 Grundstück inmitten eines Baugebietes aus der BauNVO

Beispiel

Auf dem graumarkierten Grundstück soll ein frei stehendes Einfamilienhaus mit Garage errichtet werden. Die nähere Umgebung des geplanten Vorhabens entspricht hinsichtlich der Art der baulichen Nutzung einem allgemeinem Wohngebiet (WA) aus der Baunutzungsverordnung (BauNVO). Denn die nähere Umgebung ist geprägt mit Wohnhäusern und einer kleinen Schankwirtschaft.

2.3 Innenbereich ohne Gebietscharakter

Der innerhalb im Zusammenhang bebaute Ortsteil entspricht hinsichtlich der Art der baulichen Nutzung in der näheren Umgebung des geplanten Vorhabens **keinem Baugebiet aus der Baunutzungsverordnung** (BauNVO).

Nach § 34 Abs. 1 BauGB richtet sich die Beurteilung des geplanten Vorhabens allein danach, ob es sich hinsichtlich
- Art der baulichen Nutzung (keiner Gebietsart nach der BauNVO),
- Maß der baulichen Nutzung (GRZ, GFZ, BMZ, Höhe baulicher Anlagen),
- Bauweise (offen, geschlossen, abweichend) und
- überbaubare Grundstücksfläche

in die Eigenart der näheren Umgebung **einfügt.**

Die Erschließung muß im unbeplanten Innenbereich gesichert sein.

Die Anforderungen an gesunde Wohn- und Arbeitsverhältnisse müssen gewahrt bleiben.

Schließlich darf das geplante Vorhaben das Ortsbild nicht beeinträchtigen.

Abb. 2.3
Grundstück inmitten eines nicht eindeutig zu bestimmenden Baugebietes

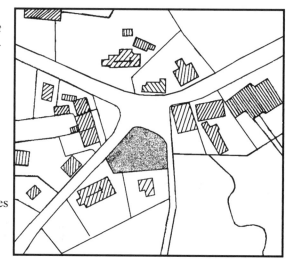

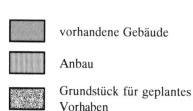

vorhandene Gebäude

Anbau

Grundstück für geplantes Vorhaben

Beispiel

Auf dem graumarkierten Grundstück soll eine Pension mit 10 Fremdenzimmern errichtet werden. Die nähere Umgebung des geplanten Vorhabens ist geprägt durch einen Fahrradladen im Norden, eine Schankwirtschaft mit Saalbetrieb im Osten, eine landwirtschaftliche Hofstelle als Nebenerwerbsbetrieb im Osten, eine neuapostolische Kirche mit Saal im Süden sowie durch Wohngebäude mit 2 Wohneinheiten im Süden und Wohnhäuser in Reihenhausbauweise im Westen.

Die Art der baulichen Nutzung ist schwierig zu beurteilen. Handelt es sich um ein Mischgebiet, Dorfgebiet oder gar um ein besonderes Wohngebiet? Eine eindeutige Beurteilung nach der Art der baulichen Nutzung, wie sie sich zweifelsfrei aus der Baunutzungsverordnung (BauNVO) ergibt, ist bei diesem Beispiel nicht möglich.

3 Vorhaben im beplanten Innenbereich
3.1 Übersicht

Gemäß § 30 BauGB handelt es sich hierbei um bereits bebaute oder neu zu erschließende Gebiete, für die entsprechende Bebauungspläne (B-Pläne) aufgestellt wurden. Anstelle eines B-Planes kann auch ein Vorhaben- und Erschließungsplan (VE-Plan) treten. Bebauungspläne enthalten rechtsverbindliche Festsetzungen für die städtebauliche Ordnung.

Bebauungspläne bilden die Grundlage für weitere zum Vollzug erforderliche Maßnahmen wie z. B. Teilungsgenehmigungen, Ausübung von Vorkaufsrechten, Bodenordnungen, Enteignungen und Erschließungen. Bebauungspläne sind aus dem Flächennutzungsplan zu entwickeln.

Ein **Flächennutzungsplan** stellt für das ganze Gemeindegebiet die sich aus der beabsichtigten städtebaulichen Entwicklung ergebende Art der Bodennutzung nach den voraussehbaren Bedürfnissen der Gemeinde in den Grundzügen dar.

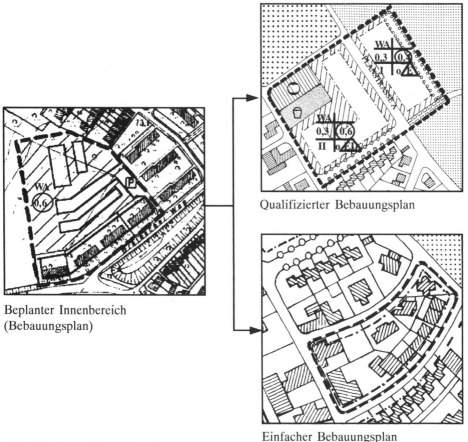

Beplanter Innenbereich
(Bebauungsplan)

Qualifizierter Bebauungsplan

Einfacher Bebauungsplan

Abb. 3.1   Aufteilung des bebauten Innenbereiches

3.2 Qualifizierter Bebauungsplan

Ein qualifizierter Bebauungsplan (B-Plan) muß gemäß § 30 Abs. 1 BauGB folgende Mindestfestsetzungen aufweisen:

- Art der baulichen Nutzung
- Maß der baulichen Nutzung
- überbaubare Grundstücksfläche
- örtliche Verkehrsfläche

Dabei gibt es, wie Tab. 3.1 zeigt, unterschiedliche Festsetzungsmöglichkeiten.

Tab. 3.1   Mindestfestsetzungen nach § 30 Abs. 1 BauGB

Art der baulichen Nutzung	Baugebiete: WS, WR, WA, WB MD, MI, MK GE, GI SO (§ 9 Abs. 1 Nr. 1 BauGB i.V.m. § 2-11 BauNVO)
Maß der baulichen Nutzung	Grundflächenzahl o. Größe der Grundflächen der baulichen Anlagen; Geschoßflächenzahl o. Größe der Geschoßfläche; Baumassenzahl o. Größe der Baumasse; Zahl der Vollgeschosse; Höhe baulicher Anlagen; (§ 9 Abs. 1 Nr. 1 BauGB i.V.m. §§ 16, 17 BauNVO)
Überbaubare Grundstücksflächen	Baulinie; Baugrenze; Bebauungstiefe; (§ 9 Abs. 1 Nr. 2 BauGB i.V. m. § 23 BauNVO)
Örtliche Verkehrsflächen	Verkehrsfläche, Verkehrsfläche besonderer Zweckbestimmung (§ 9 Abs. 1 Nr. 11 BauGB)

3.2 Qualifizierter Bebauungsplan

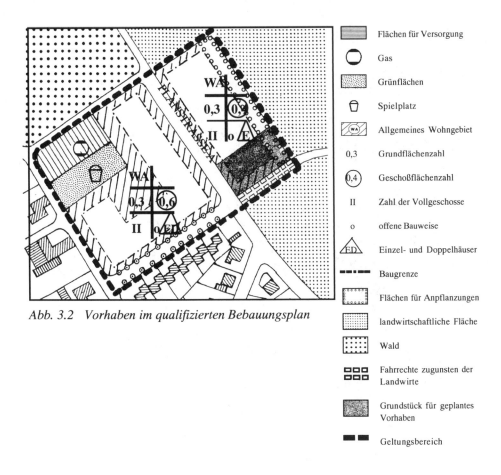

Abb. 3.2 Vorhaben im qualifizierten Bebauungsplan

Beispiel

Auf dem graumarkierten Grundstück soll ein frei stehendes Einfamilienhaus mit Carport gebaut werden. Das Grundstück liegt innerhalb des Geltungsbereiches eines B-Planes. Bei dem B-Plan sind u. a. festgesetzt:

- Art der baulichen Nutzung (hier: WA)
- Maß der baulichen Nutzung (hier: GRZ 0,3 und GFZ 0,4, 2 Vollgeschosse)
- überbaubare Grundstücksflächen (hier: Baugrenzen)
- örtliche Verkehrsflächen (hier: Planstraße A)

Somit liegt das geplante Vorhaben in einem qualifizierten B-Plan, weil alle vier Mindestfestsetzungen (aus Tab. 3.1) im B-Plan enthalten sind.

3.3 Einfacher Bebauungsplan

Beim einfachen Bebauungsplan (B-Plan) fehlten gemäß § 30 Abs. 3 BauGB eine oder mehrere der Mindestfestsetzungen.

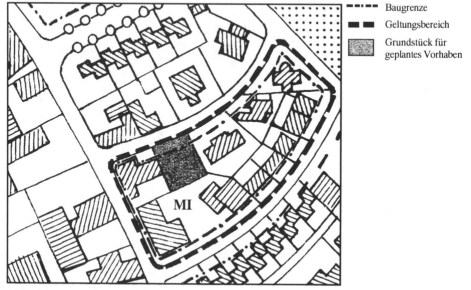

Abb. 3.3   Vorhaben im einfachen Bebauungsplan

Beispiel

Auf dem graumarkierten Grundstück soll ein Wohnhaus mit 3 Wohneinheiten und mit 1 Laden sowie 1 Garage für 5 Pkw errichtet werden. Das Grundstück liegt innerhalb des Geltungsbereiches eines B-Planes.

Bei dem B-Plan ist zu prüfen, ob
- Art der baulichen Nutzung (hier: MI)
- Maß der baulichen Nutzung (hier: nicht vorhanden)
- überbaubare Grundstücksfläche (hier: Baugrenzen)
- örtliche Verkehrsflächen (hier: nicht vorhanden)

in dem B-Plan festgesetzt sind. Da zwei der Mindestfestsetzungen fehlen, nämlich die Festsetzungen über das Maß der baulichen Nutzung und über örtliche Verkehrsflächen, liegt das geplante Vorhaben innerhalb des Geltungsbereiches eines einfachen B-Plans.

4 Vorhaben im Außenbereich
4.1 Übersicht
Hierbei handelt es sich gemäß § 35 BauGB um Vorhaben, für die keine Planungen (B-Plan oder VE-Plan) vorliegen und die nicht im unbeplanten Innenbereich liegen.

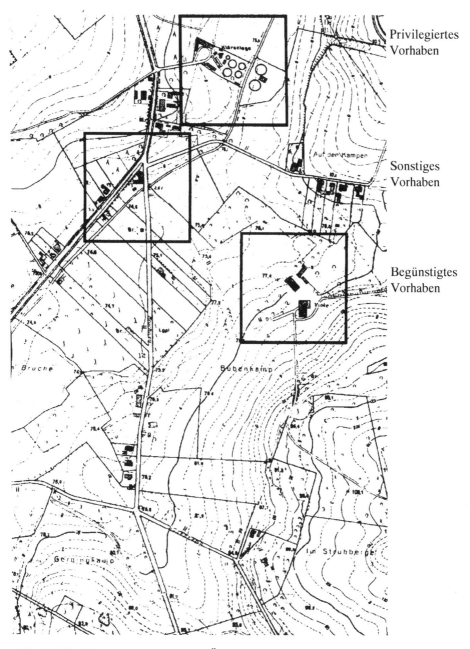

Abb. 4.1 Vorhaben im Außenbereich/Übersicht

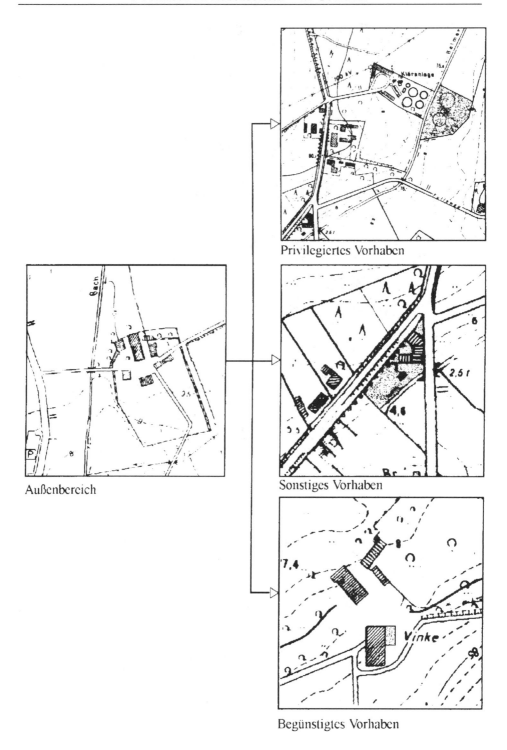

Abb. 4.2 Aufteilung des Außenbereiches bezüglich der Beurteilung von Vorhaben

4.2 Privilegiertes Vorhaben

Sofern eine gesicherte Erschließung gegeben ist und öffentliche Belange (z. B. Belange des Naturschutzes) nicht entgegenstehen, sind folgende Vorhaben gemäß § 35 Abs. 1 BauGB privilegiert:
- landwirtschaftliche Betriebe (Betriebe mit Ackerbau, Wiesen- und Weidewirtschaft, Pensionstierhaltung auf überwiegend eigener Futtergrundlage, Erwerbsobstbau, Weinbau, berufsmäßiger Imkerei und berufsmäßiger Binnenfischerei)
- forstwirtschaftliche Betriebe
- Betriebe der gartenbaulichen Erzeugung
- Anlagen des Fernmeldewesens
- Anlagen der öffentlichen Versorgung mit Elektrizität, Gas, Wärme und Wasser sowie der Abwasserwirtschaft
- ortsgebundene gewerbliche Betriebe
- Anlagen mit besonderen Anforderungen an die Umgebung
- Anlagen mit nachteiliger Wirkung auf die Umgebung
- Anlagen, die wegen ihrer besonderen Zweckbestimmung nur im Außenbereich ausgeführt werden sollen
- Anlagen, die der Erforschung, Entwicklung oder Nutzung der Kernenergie zu friedlichen Zwecken dienen
- Anlagen, die der Erforschung, Entwicklung oder Nutzung der Wind- oder Wasserenergie dienen

Beispiel

Bei dem auf dem graumarkierten Grundstücksteil geplanten Vorhaben handelt es sich um die notwendige Erweiterung bzw. Nachbesserung von einer vorhandenen Kläranlage. Die Anlage der öffentlichen Klärwasserwirtschaft ist im Außenbereich privilegiert.

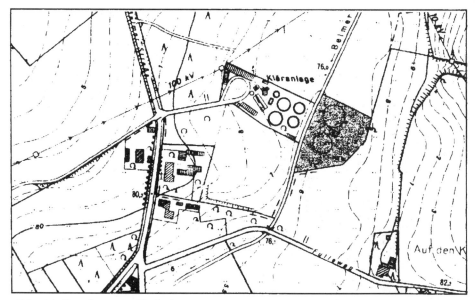

Abb. 4.3 Privilegiertes Vorhaben

4.3 Sonstiges Vorhaben

Nur **im Einzelfall** ist es möglich, ein sonstiges Vorhaben (nicht privilegiert oder begünstigt) im Außenbereich gemäß § 35 Abs. 2 und 3 BauGB zuzulassen, wenn die Ausführung oder Benutzung des Vorhabens öffentliche Belange nicht beeinträchtigt.
Eine **Beeinträchtigung öffentlicher Belange** liegt u. a. vor, wenn das Vorhaben
- den Darstellungen des Flächennutzungsplanes widerspricht
- den Darstellungen eines Landschaftsplans widerspricht
- schädliche Umwelteinwirkungen hervorrufen kann oder ihnen ausgesetzt ist
- unwirtschaftliche Aufwendungen für Straßen oder andere Anlagen der Versorgung oder Entsorgung, für die Sicherheit oder Gesundheit oder für sonstige Aufgaben erfordert
- Belange des Naturschutzes und der Landschaftspflege beeinträchtigt
- Belange des Bodenschutzes beeinträchtigt
- Belange des Denkmalschutzes beeinträchtigt
- die natürliche Eigenart der Landschaft und ihren Erholungswert beeinträchtigt
- das Orts- und Landschaftsbild verunstaltet
- Maßnahmen zur Verbesserung der Agrarstruktur
- die Wasserwirtschaft gefährdet
- die Entstehung, Verfestigung oder Erweiterung einer Splittersiedlung befürchten läßt

Beispiel

Auf dem graumarkierten Grundstück soll neben dem vorhandenen Gebäude, in dem ein Zweiradhandel mit Reparaturwerkstatt sowie eine Betriebswohnung untergebracht sind, ein frei stehendes Wohnhaus mit 6 Wohneinheiten sowie 6 Garagen für Mietzwecke errichtet werden.
Da das geplante Vorhaben weder privilegiert noch begünstigt ist, ist es als sonstiges Vorhaben zu beurteilen. Die Bauvoranfrage mußte abgelehnt werden, da das geplante Vorhaben mehrere öffentliche Belange beeinträchtigen würde.
Es widerspricht den Darstellungen des wirksamen Flächennutzungsplanes, der an dieser Stelle eine Fläche für die Landwirtschaft vorsieht. Weiterhin verunstaltet der geplante Betrieb das Landschaftsbild, und schließlich läßt das geplante Vorhaben die Entstehung einer Splittersiedlung befürchten.

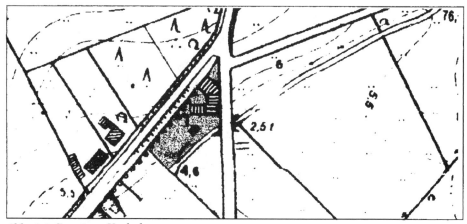

Abb. 4.4 Sonstiges Vorhaben

4.4 Begünstigtes Vorhaben

Bei begünstigten Vorhaben sind gemäß § 35 Abs. 4 BauGB die Darstellungen des Flächennutzungsplanes oder eines Landschaftsplanes unerheblich. Auch können die begünstigten Vorhaben die natürliche Eigenart der Landschaft beeinträchtigen oder die Entstehung, Verfestigung oder Erweiterung einer Splittersiedlung ermöglichen.
Folgende Vorhaben sind im Außenbereich u. a. **begünstigt**:
- die Änderung der bisherigen Nutzung eines Gebäudes von land- und forstwirtschaftlichen Betrieben unter bestimmten Voraussetzungen (wie z. B. wesentliche Wahrung der äußeren Gestalt des Gebäudes oder Aufgabe der bisherigen Nutzung, nicht länger als 7 Jahre zurück)
- die Neuerrichtung eines gleichartigen, zulässigerweise errichteten Wohngebäudes an gleicher Stelle
- die alsbaldige Neuerrichtung eines zulässigerweise errichteten, durch Brand, Naturereignisse oder andere außergewöhnliche Ereignisse zerstörten, gleichartigen Gebäudes an anderer Stelle
- die Änderung oder Nutzungsänderung von erhaltenswerten, das Bild der Kulturlandschaft prägenden Gebäuden
- die angemessene Erweiterung von zulässigerweise errichteten Wohngebäuden sowie
- die angemessene bauliche Erweiterung eines zulässigerweise errichteten gewerblichen Betriebes

Beispiel
Bei dem markierten Vorhaben handelt es sich um den Wiederaufbau einer vor etwa einem Jahr durch Brand vernichteten Reithallenerweiterung eines im Außenbereich gelegenen und zulässigerweise errichteten Reiterhofes.
Der zügige Wiederaufbau ist als begünstigtes Vorhaben im Außenbereich zu beurteilen und positiv zu beurteilen.

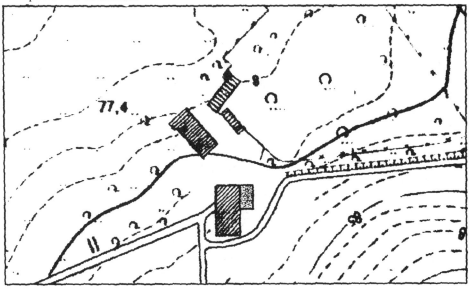

Abb. 4.5 Begünstigtes Vorhaben im Außenbereich

5 Art der baulichen Nutzung

5.1 Darstellungen im Flächennutzungsplan

Gemäß § 5 Abs.2 Nr. 1 BauGB in Verbindung mit § 1 Abs. 1 BauNVO können im Flächennutzungsplan folgende Bauflächen dargestellt werden:

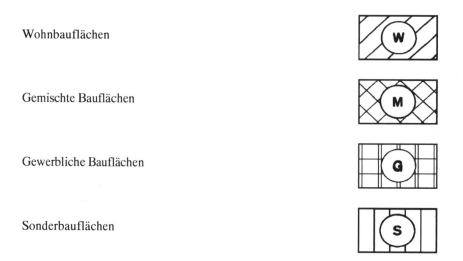

Wohnbauflächen

Gemischte Bauflächen

Gewerbliche Bauflächen

Sonderbauflächen

Im Flächennutzungsplan können auch Baugebiete dargestellt werden.

5.2 Festsetzungen im Bebauungsplan
5.2.1 WS-/WR-/WA-/WB-Gebiete

Gemäß § 9 Abs. 1 Nr. 1 BauGB in Verbindung mit § 1 Abs. 1 und 2 BauNVO können im **Bebauungsplan** aus dem Flächennutzungsplan folgende Baugebiete entwickelt und festgesetzt werden.

aus Wohnbauflächen:

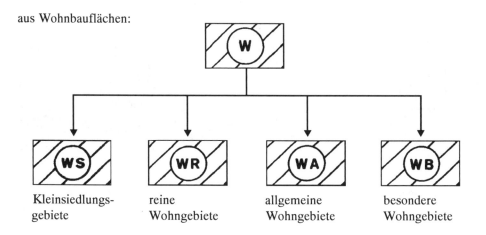

| Kleinsiedlungs-gebiete | reine Wohngebiete | allgemeine Wohngebiete | besondere Wohngebiete |

Allgemeine Zweckbestimmung der Gebiete:

WS-Gebiete dienen vorwiegend der Unterbringung von Kleinsiedlungen einschließlich Wohngebäude mit entsprechenden Nutzgärten und landwirtschaftlichen Nebenerwerbsstellen.

WR-Gebiete dienen dem Wohnen.

WA-Gebiete dienen vorwiegend dem Wohnen.

WB-Gebiete sind überwiegend bebaute Gebiete, die aufgrund ausgeübter Wohnnutzung und vorhandener privater und öffentlicher Infrastruktureinrichtungen eine besondere Eigenart aufweisen.
In WB-Gebieten soll die Wohnnutzung erhalten und fortentwickelt werden.

5.2.1.1 Kleinsiedlungsgebiete (WS-Gebiete)
Bauplanungsrechtliche Grundlagen: § 2 BauNVO 1990

Abs. 1 Allgemeine Zweckbestimmung (siehe Kap. 5.2.1)

Abs. 2 Allgemein zulässig sind:

Kleinsiedlungen   Läden, nichtstörende Handwerksbetriebe

Abs. 3 Ausnahmsweise können zugelassen werden:

Wohngebäude mit max. 2 Wohnungen   Anlagen für kirchliche, kulturelle, soziale, gesellschaftliche und sportliche Zwecke   Tankstellen   nichtstörende Gewerbe

5.2.1.2 Reine Wohngebiete (WR-Gebiete)
Bauplanungrechtliche Grundlagen: § 3 BauNVO 1990

Abs. 1 Allgemeine Zweckbestimmung (siehe Kap. 5.2.1)

Abs. 2 Allgemein zulässig sind:

Wohngebäude

Abs. 3 Ausnahmsweise können zugelassen werden:

Läden, nichtstörende, gebietstypische Handwerksbetriebe, kleine Betriebe des Beherbergungsgewerbes

Anlagen für soziale Zwecke, gebietstypische Anlagen für kirchliche, kulturelle, gesundheitliche und sportliche Zwecke

5.2.1.3 Allgemeine Wohngebiete (WA-Gebiete)
Bauplanungsrechtliche Grundlagen: § 4 BauNVO 1990

Abs. 1 Allgemeine Zweckbestimmung (siehe Kap. 5.2.1)

Abs. 2 Allgemein zulässig sind:

Wohngebäude	die der Versorgung des Gebietes dienende Läden, Schankwirtschaften, Speisewirtschaften, nichtstörende Handwerksbetriebe	Anlagen für kirchliche, kulturelle, soziale, gesundheitliche und sportliche Zwecke

Abs. 3 Ausnahmsweise können zugelassen werden:

Betriebe des Beherbungsgewerbes	sonstige nichtstörende Gewerbebetriebe	Anlagen für Verwaltungen	Gartenbaubetriebe

Tankstellen

5.2.1.4 Besondere Wohngebiete (WB-Gebiete)
Bauplanungsrechtliche Grundlagen: § 4 a BauNVO 1990

Abs. 1 Allgemeine Zweckbestimmung (siehe Kap. 5.2.1)

Abs. 2 Allgemein zulässig sind:

Wohngebäude | Läden, Betriebe des Beherbergungsgewerbes, Schankwirtschaften, Speisewirtschaften | sonstige Gewerbebetriebe | Geschäftsgebäude, Bürogebäude

Anlagen für kirchliche, kulturelle, soziale, gesundheitliche und sportliche Zwecke

Abs. 3 Ausnahmsweise können zugelassen werden:

  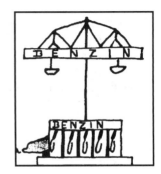

Anlagen für zentrale Einrichtungen der Verwaltung | gebietstypische Vergnügungsstätten | Tankstellen

5.2.2 MD-/MI-/MK-Gebiete

Gemäß § 9 Abs. 1 Nr. 1 BauGB in Verbindung mit § 1 Abs. 1 und 2 BauNVO können **im Bebauungsplan** aus dem Flächennutzungsplan folgende Baugebiete entwickelt und festgesetzt werden:

aus gemischten Bauflächen:

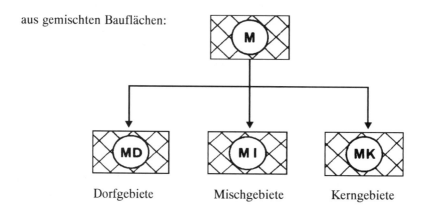

Dorfgebiete   Mischgebiete   Kerngebiete

Allgemeine Zweckbestimmung der Gebiete:

MD-Gebiete dienen der Unterbringung der Wirtschaftsstätten von land- und forstwirtschaftlichen Betrieben, dem Wohnen und der Unterbringung von nicht wesentlich störenden Gewerbebetrieben sowie der Versorgung der Bewohner des Gebietes dienenden Handwerksbetrieben. Auf die Belange und die Entwicklungsmöglichkeit der land- und forstwirtschaftlichen Betriebe ist vorrangig Rücksicht zu nehmen.

MI-Gebiete dienen dem Wohnen und der Unterbringung von Gewerbebetrieben, die das Wohnen nicht wesentlich stören.

MK-Gebiete dienen vorwiegend der Unterbringung von Handelsbetrieben sowie den zentralen Einrichtungen der Wirtschaft, der Verwaltung und der Kultur.

5.2.2.1 Dorfgebiete (MD-Gebiete)
Bauplanungsrechtliche Grundlagen: § 5 BauNVO 1990

Abs. 1 Allgemeine Zweckbestimmung (siehe Kap. 5.2.2)

Abs. 2 Allgemein zulässig sind:

| Wirtschaftsstellen landwirtschaftlicher Betriebe, Wirtschaftsstellen forstwirtschaftlicher Betriebe mit dazugehörigen Wohnungen und Wohngebäuden | Kleinsiedlungen, landwirtschaftliche Nebenerwerbsstellen, Wohngebäude | Wohnungen | Betriebe zur Be- und Verarbeitung land- und forstwirtschaftlicher Erzeugnisse |

| Gewerbebetriebe | Einzelhandelsbetriebe, Schank- und Speisewirtschaften, Betriebe des Beherbergungsgewerbes | Anlagen für örtl. Verwaltungen, Anlagen für kirchliche, kulturelle, soziale, gesundheitliche und sportliche Zwecke | Gartenbaubetriebe |

Tankstellen

Abs. 3 Ausnahmsweise können zugelassen werden:...................... gebietsspezifische Vergnügungsstätten

5.2.2.2 Mischgebiete (MI-Gebiete)

Bauplanungsrechtliche Grundlagen: § 6 BauNVO 1990

Abs. 1 Allgemeine Zweckbestimmung (siehe Kap. 5.2.2)

Abs. 2 Allgemein zulässig sind:

Wohngebäude — Geschäftsgebäude, Bürogebäude — Einzelhandelsbetriebe, Schank- und Speisewirtschaften, Betriebe des Beherbergungsgewerbes — sonstige Gewerbebetriebe

Anlagen für Verwaltungen, Anlagen für kirchliche, kulturelle, soziale, gesundheitliche und sportliche Zwecke — Gartenbaubetriebe — Tankstellen — gebietsspezifische Vergnügungsstätten im überwiegend durch gewerbliche Nutzung geprägten Teil des Gebietes

Abs. 3 Ausnahmsweise können zugelassen werden:
gebietsspezifische Vergnügungsstätten im überwiegend durch Wohnen geprägten Teil des Gebietes.

5.2.2.3 Kerngebiete (MK-Gebiete)
Bauplanungsrechtliche Grundlagen: § 7 BauNVO

Abs. 1 Allgemeine Zweckbestimmung (siehe Kap. 5.2.2)

Abs. 2 Allgemein zulässig sind:

| Geschäftsgebäude, Bürogebäude, Verwaltungsgebäude | Einzelhandelsbetriebe, Schank- und Speisewirtschaften, Betriebe des Beherbergungsgewerbes, Vergnügungsstätten | sonstige nicht wesentlich störende Gewerbebetriebe | Anlagen für kirchliche, kulturelle, soziale, gesundheitliche und sportliche Zwecke |

| Tankstellen mit Parkhäusern und Großgaragen | Wohnungen für Aufsichts- und Bereitschaftspersonen, Wohnungen für Betriebsinhaber und -leiter | sonstige spezielle Wohnungen, soweit im B-Plan festgesetzt (z. B. Studentenwohnungen, CVJM) |

Abs. 3 Ausnahmsweise können zugelassen werden:

Tankstellen   Wohnungen

5.2.3 GE-/GI-Gebiete

Gemäß § 9 Abs. 1 Nr. 1 BauGB in Verbindung mit § 1 Abs. 1 und 2 BauNVO können im **Bebauungsplan** aus dem Flächennutzungsplan folgende Baugebiete entwickelt und festgesetzt werden:

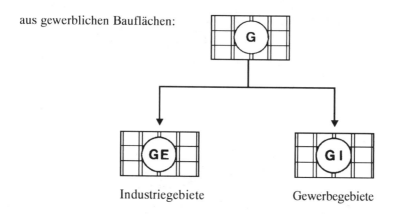

aus gewerblichen Bauflächen:

Industriegebiete   Gewerbegebiete

Allgemeine Zweckbestimmung der Gebiete:

GE-Gebiete dienen vorwiegend der Unterbringung von nicht erheblich belästigenden Gewerbebetrieben.

GI-Gebiete dienen ausschließlich der Unterbringung von Gewerbebetrieben, die in anderen Baugebieten unzulässig sind.

5.2.3.1 Gewerbegebiete (GE-Gebiete)
Bauplanungsrechtliche Grundlagen: § 8 BauNVO 1990

Abs. 1 Allgemeine Zweckbestimmung (siehe Kap. 5.2.3)

Abs. 2 Allgemein zulässig sind:

Gewerbebetriebe, Lagerhäuser, Lagerplätze, öffentliche Betriebe | Geschäftsgebäude, Bürogebäude, Verwaltungsgebäude | Tankstellen | Anlagen für sportliche Zwecke

Abs. 3 Ausnahmsweise können zugelassen werden:

Wohnungen für Aufsichts- und Bereitschaftspersonen sowie für Betriebsinhaber und Betriebsleiter | Anlagen für kirchliche, kulturelle, soziale, gesundheitliche Zwecke | Vergnügungsstätten

5.2.3.2 Industriegebiete (GI-Gebiete)
Bauplanungsrechtliche Grundlagen: § 9 BauNVO 1990

Abs. 1 Allgemeine Zweckbestimmung (siehe Kap. 5.2.3)

Abs. 2 Allgemein zulässig sind:

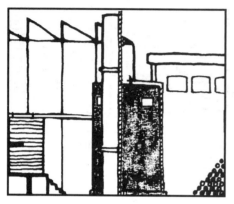

Gewerbebetriebe, Lagerhäuser, Lagerplätze, öffentliche Betriebe

Tankstellen

Abs. 3 Ausnahmsweise können zugelassen werden:

Wohnungen für Aufsichts-, Bereitschaftspersonal, Betriebsinhaber, -leiter

Anlagen für kirchliche, kulturelle, soziale, gesundheitliche und sportliche Zwecke

5.2.4 Sondergebiete (SO-Gebiete)

Gemäß § 9 Abs. 1 Nr. 1 BauGB in Verbindung mit § 1 Abs. 1 und 2 Bau NVO können **im Bebauungsplan** aus dem Flächennutzungsplan folgende Baugebiete entwickelt und festgesetzt werden:

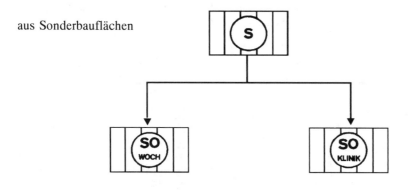

aus Sonderbauflächen

Sondergebiete, die der Erholung dienen   sonstige Sondergebiete

Als Sondergebiete, die **der Erholung dienen**, kommen insbesondere in Betracht:

- Wochenendhausgebiete

- Ferienhausgebiete

- Campingplatzgebiete

Als **sonstige Sondergebiete** kommen insbesondere in Betracht:

- Gebiete für den Fremdenverkehr

- Ladengebiete

- Gebiete für Einkaufszentren und großflächige Handelsbetriebe

- Klinikgebiete

- Hafengebiete

- Gebiete für Anlagen, die der Erforschung, Entwicklung oder Nutzung erneuerbarer Energien dienen (z. B. Windpark)

5.2.4.1 Sondergebiete, die der Erholung dienen
Bauplanungsrechtliche Grundlagen: § 10 BauNVO 1990

Abs. 1 Benennung von Wochenendhaus-, Ferienhaus-, Campingplatzgebieten

Abs. 2 Im Bebauungsplan ist **die allgemeine Zweckbestimmung** darzustellen und die Art der Nutzung festzusetzen.

Abs. 3

Wochenendhausgebiete
Diese Gebiete sind gekennzeichnet durch einen stetigen Personenkreis, der an Wochenenden und evtl. zum Urlaub sich in den Wochenendhäusern aufhält.

Abs. 4

Ferienhausgebiete
Diese Gebiete sind gekennzeichnet durch einen ständig wechselnden Personenkreis, der dort nur vorübergehend Urlaub macht.

Abs. 5

Campingplatzgebiete

5.2.4.2 Sonstige Sondergebiete
Bauplanungsrechtliche Grundlagen: § 11 BauNVO 1990

Abs. 1 Sonstige Sondergebiete unterscheiden sich wesentlich von den Baugebieten nach nach § 2 bis 10 BauNVO.

Abs. 2 Im Bebauungsplan ist die **allgemeine Zweckbestimmung** darzustellen und die Art der Nutzung festzusetzen.

Abs. 3 Bei den Einkaufszentren und großflächigen Handelsbetrieben, die auch allgemein im MK-Gebiet zulässig sind, unterscheidet der Gestzgeber nach:

Einkaufszentren

großflächige Einzelhandelsbetriebe

großflächige Handelsbetriebe mit Verkauf an Endverbraucher

Diese Betriebe haben i. d. R. **schädliche Auswirkungen** auf die Umwelt sowie Auswirkungen auf die infrastrukturelle Ausstattung, auf den Verkehr, auf die Versorgung der Bevölkerung im Umkreis der geplanten Betriebe, auf die Entwicklung zentraler Versorgungsbetriebe in der Gemeinde oder in benachbarte Gemeinden, auf das Orts- und Landschaftsbild und auf den Naturhaushalt.
Der Gesetzgeber geht davon aus, daß bereits **ab 1200 m² Geschoßfläche** o. g. Auswirkungen auftreten können.

5.3 Besondere Regelungen zur Gliederung oder Aufteilung

Nicht immer passen die Gebietsdefinitionen der BauNVO genau auf die zu beplanende Situation. Um den **besonderen Anforderungen** nachzukommen, hat der Gesetzgeber folgende besondere Regelungen zur Gliederung und Aufteilung von Gebieten oder Anlagen eingeführt:

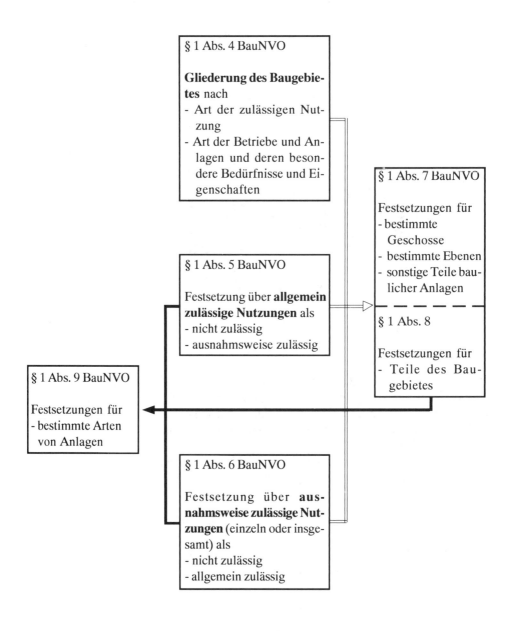

6 Maß der baulichen Nutzung
6.1 Bauliche Dichte

Das Maß der baulichen Nutzung kann ganz erheblich die **bauliche Dichte** beeinflussen. Ein Baugebiet, das nur aus frei stehenden Einfamilienhäusern auf großen Grundstücken besteht, kann naturgemäß nicht so viele Wohneinheiten bieten wie ein Baugebiet, das sich aus 4- bis 6geschossigen Zeilenbauten zusammensetzt.

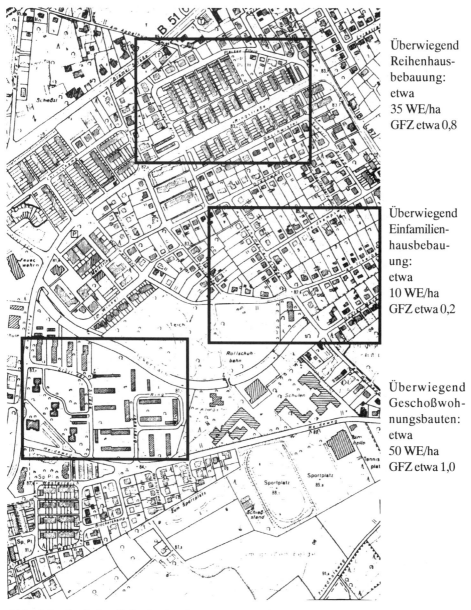

Abb. 6.1 Städtebauliche Dichte bei unterschiedlichen Wohnbaugebieten

Der Ausschnitt aus der Karte der Großstadt zeigt den Stadtteil, der entsprechend der jeweils vorherrschenden städtebaulichen Konzeption nach dem Krieg ständig erweitert wurde. Die städtebauliche Dichte der einzelnen Quartiere ist daher recht unterschiedlich. Von großen Grundstücken mit frei stehenden Einfamilienhäusern, über eng stehende Reihenhausgruppen auf kleinen Grundstücken bis zu weitläufigen Grundstücken mit Punkthochhäusern reicht die Palette der baulichen Nutzung. Die baulichen Dichte muß daher sehr unterschiedlich ausfallen.

Im **Flächennutzungsplan** ist es nicht zwingend erforderlich, das Maß der baulichen Nutzung darzustellen. Wird allerdings das allgemeine Maß der Nutzung dargestellt, so genügt gemäß § 16 Abs. 1 BauNVO die Angabe der
- Geschoßflächenzahl (GFZ)
- Baumassenzahl (BMZ) oder die
- Höhe baulicher Anlagen (H)

Auch im **Bebauungsplan** ist es nicht zwingend erforderlich, das Maß der baulichen Nutzung festzusetzen. Ist dies jedoch aus städtebaulichen Gründen wünschenswert oder gar geboten, so können gemäß § 16 Abs. 2 BauNVO über
- die Grundflächenzahl (GRZ) oder die Größe der Grundflächen der baulichen Anlagen (GR)
- die Geschoßflächenzahl (GFZ) oder die Größe der Geschoßfläche der baulichen Anlage (GF)
- die Baumassenzahl (BMZ) oder die Größe der Baumasse (BM)
- die Anzahl der Vollgeschosse und/oder
- die Höhe baulicher Anlagen (H)

Festsetzungen getroffen werden.

Wird allerdings im Bebauungsplan das Maß der baulichen Nutzung festgesetzt, so sind gemäß § 16 Abs. 3 BauNVO mindestens die Festsetzungen über
- die Grundflächenzahl (GRZ) oder die Größe der Grundflächen der baulichen Anlagen (GR) und
- die Zahl der Vollgeschosse oder die Höhe baulicher Anlagen (H) bei Beeinträchtigungen des Orts- und Landschaftsbildes

erforderlich.

Weitere Differenzierungen hinsichtlich des Maßes der baulichen Nutzung sind im Bebauungsplan möglich:

§ 16 Abs. 4 BauNVO

Höchstmaß für
- GRZ oder GR
- Zahl der Vollgeschosse
- Höhe baulicher Anlagen

Mindestmaß für
- GRZ oder GR
- Zahl der Vollgeschosse
- Höhe baulicher Anlagen

Zwingendes Maß der baulichen Nutzung für
- Zahl der Vollgeschosse
- Höhe baulicher Anlagen

§ 16 Abs. 5 BauNVO

Festsetzungen von **unterschiedlichen Maßen** der baulichen Nutzung für
- Teile des Baugebietes
- einzelne Grundstücke
- Teile baulicher Anlagen

→

Die Festsetzungen können
- oberhalb der Geländeoberfläche und
- unterhalb der Geländeoberfläche
getroffen werden.

§ 16 Abs. 6 BauNVO

Ausnahmen von dem festgesetzten Maß der baulichen Nutzung nach
- Art und
- Umfang

6.2 Höhe baulicher Anlagen

Im Bebauungsplan kann gemäß § 9 Abs. 2 BauGB in Verbindung mit § 18 BauNVO die Höhe von baulichen Anlagen festgesetzt werden. Dabei sind immer die jeweiligen **Bezugspunkte** zu bestimmen.

Die Höhe baulicher Anlagen kann aus städtebaulichen Gründen als **zwingend** festgesetzt werden, wobei auch geringfügige Abweichungen zugelassen werden können.

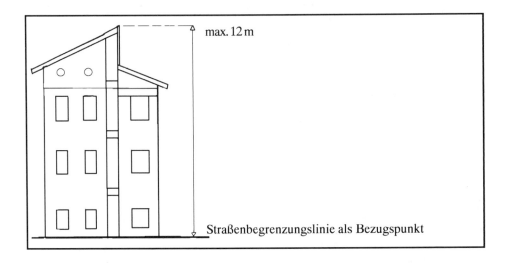

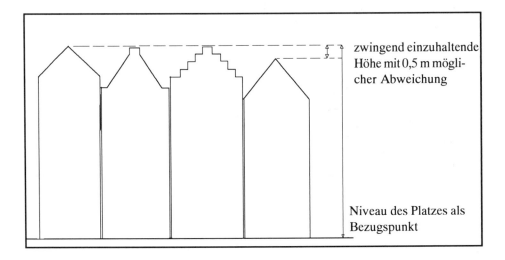

Abb. 6.2   Höhe der baulichen Anlagen

6.3 Grundflächenzahl (GRZ), zulässige Grundfläche (GR)

Die Grundflächenzahl (GRZ) gibt an, wieviel m² Grundfläche (GR) je m² Grundstücksfläche (GRF) zulässig sind (§ 19 BauNVO).

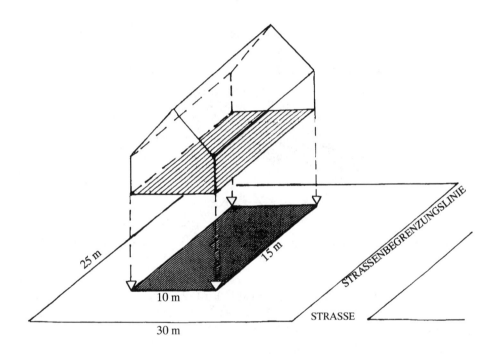

Abb. 6.3 Grundflächen (GR)

Berechnung der GRZ
Grundstücksfläche   GRF   = 30 m x 25 m = 750 m²
Grundfläche   GR   = 10 m x 15 m = 150 m²

Berechnung der   GRZ $= \dfrac{GR}{GRF} = \dfrac{150\,m^2}{750\,m^2} = 0{,}2$

Die GFZ von 0,2 bedeutet in diesem Fall eine 20%ige Überbauung des Grundstücks.

6 Maß der baulichen Nutzung – 6.3 GRZ, zulässige GR

Gemäß § 19 Abs. 4 BauNVO sind folgende Grundflächen neben dem Bauhauptkörper ① mitzurechnen:
- Garagen und Stellplätze ② mit ihren Zufahrten ③ ,
- Nebenanlagen ④
- bauliche Anlagen unterhalb der Geländeoberfläche, durch die das Baugrundstück lediglich unterbaut wird ⑤.

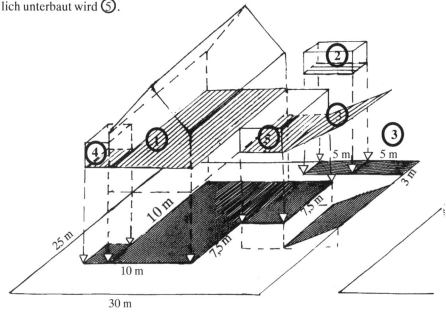

Abb. 6.4 Mitanzurechnende Grundflächen zur Ermittlung der Grundflächenzahl (GRZ)

Die zulässige Grundfläche darf durch die Grundflächen der weiteren o. g. Anlagen bis zu 50 % überschritten werden. Die max. GRZ darf jedoch 0,8 nicht überschreiten. Geringfügige Überschreitungen können zugelassen werden.

Berechnung der GRZ

Grundstücksfläche GRF	= 30m x 25 m =	750 m²
Grundfläche GR_1 Bauhauptkörper	= 10m x 15 m =	150 m²
Grundfläche GR_2 Garage	= 5m x 3 m =	15 m²
Grundfläche GR_3 Zufahrt Garage	= 5m x 3 m =	15 m²
Grundfläche GR_4 Tiefgarage im Garten	= 5m x 7,5m =	37,5 m²
Grundfläche GR_5 Zufahrt Tiefgarage	= 5m x 3 m =	15 m²

$$\text{Berechnung der GRZ} = \frac{GR_1 + GR_2 + GR_3 + GR_4 + GR_5}{GRF}$$

$$GRZ = \frac{150\,m^2 + 15\,m^2 + 15\,m^2 + 37,5\,m^2 + 15\,m^2}{750\,m^2}$$

$$GRZ = \frac{232,5\,m^2}{750\,m^2} = 0,31$$

6.3 Grundflächenzahl (GRZ), zulässige Grundfläche (GR)

Beispiel
Laut Bebauungsplan ist die Grundflächenzahl (GRZ) mit 0,2 im reinen Wohngebiet (WR) festgesetzt worden. Gemäß § 19 Abs. 4 BauNVO ist eine Überschreitung der GRZ für Garagen, Zufahrten, Nebenanlagen usw. um 50 % zulässig.

$GRZ_{zulässig}$ = 0,2

$GRZ_{mit\ Überschreitung}$ = 0,2 + 50 % = 0,3

$GRZ_{tatsächlich}$ = 0,31

Die 50%ige Überschreitung der zulässigen GRZ von 0,3 wird durch das geplante Vorhaben sogar noch um 0,01 überschritten. Da dies geringfügig ist, kann die Bauaufsichtsbehörde die Überschreitung zulassen.

Gemäß § 17 Abs. 1 BauNVO dürfen die nachfolgenden Obergrenzen für die Bestimmung des Maßes der baulichen Nutzung im Flächennutzungsplan und im Bebauungsplan nicht überschritten werden. Dies gilt auch für Bauleitpläne (F-Plan, B-Plan) ohne entsprechende Darstellungen oder Festsetzungen von GRZ und BMZ.

Tab. 6.1 Obergrenzen für das Maß der baulichen Nutzung

Baugebiet	Grundflächenzahl (GRZ)	Geschoßflächenzahl (GFZ)	Baumassenzahl (BMZ)
in Kleinsiedlungsgebieten (WS)	0,2	0,4	
in reinen Wohngebieten (WR) allgemeinen Wohngebieten (WA) Ferienhausgebieten	0,4	1,2	
in besonderen Wohngebieten (WB)	0,6	1,6	
in Dorfgebieten (MD) Mischgebieten (MI)	0,6	1,2	
in Kerngebieten (MK)	1	3	
in Gewerbegebieten (GE) Industriegebieten (GI) sonstigen Sondergebieten	0,8	2,4	10
in Wochenendhausgebieten	0,2	0,2	

Gemäß § 17 Abs. 2 BauNVO ist mit Ausnahme für Wochenendhausgebiete und Ferienhausgebiete eine **Überschreitung der Obergrenzen** möglich, wenn
- besondere städtebauliche Gründe dies erfordern
- die allgemeinen Anforderungen an gesunde Wohn- und Arbeitsverhältnisse nicht beeinträchtigt werden
- nachteilige Auswirkungen auf die Umwelt vermieden werden
- die Bedürfnisse des Verkehrs befriedigt werden und
- sonstige öffentliche Belange nicht entgegenstehen

6.4 Geschoßflächenzahl (GFZ), Geschoßfläche (GF)

Die Geschoßflächenzahl (GFZ) gibt an, wieviel m² Geschoßfläche (GF) je m² Grundstücksfläche (GRF) zulässig sind (§ 20 BauNVO).

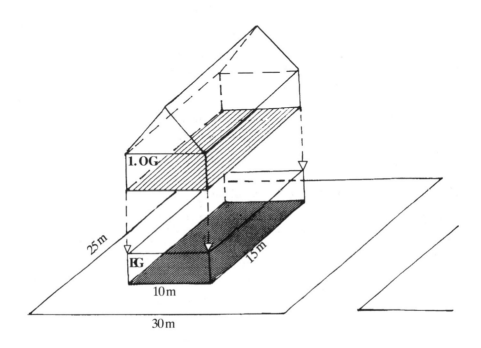

Abb. 6.5 Geschoßflächenzahl (GFZ)

Berechnung der GFZ

Grundstücksfläche	GRF	$= 30\,m \times 25\,m = 750\,m^2$
Geschoßfläche EG	GF_1	$= 10\,m \times 15\,m = 150\,m^2$
Geschoßfläche OG	GF_2	$= 10\,m \times 15\,m = 150\,m^2$

Berechnung der $GFZ = \dfrac{\Sigma GF}{GRF} = \dfrac{GF_1 + GF_2}{GRF} = 0{,}4$

$$GFZ = \frac{150\,m^2 + 150\,m^2}{750\,m^2} = 0{,}4$$

6.4 Geschoßflächenzahl (GFZ), Geschoßfläche (GF)

Gemäß § 20 Abs. 3 BauNVO kann im Bebauungsplan festgesetzt werden, daß die **Flächen von Aufenthaltsräumen** in anderen Geschossen einschließlich der zu ihnen gehörenden Treppenräume und einschließlich ihrer Umfassungswände
- ganz mitzurechnen sind
- teilweise mitzurechnen sind oder
- ausnahmsweise nicht mitzurechnen sind

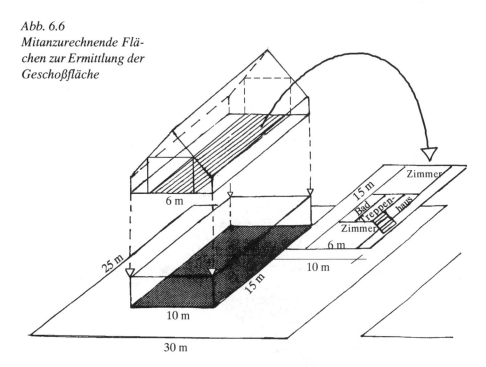

*Abb. 6.6
Mitanzurechnende Flächen zur Ermittlung der Geschoßfläche*

Berechnung der GFZ
(i. d. F. Mitanrechnung der Aufenthaltsräume im Dachgeschoß zu 50 %)

Grundstücksfläche   GRF = 30 m x 25 m = 750 m²
Geschoßfläche EG GF_1 = 10 m x 25 m = 150 m²
Geschoßfläche OG GF_2 = 6 m x 15 m = 90 m²

Berechnung der $GFZ = \dfrac{\Sigma GF}{GRF} = \dfrac{GF_1 + 0{,}5\, GF_2}{GRF}$

$GFZ = \dfrac{150\,m^2 + 0{,}5 \times 90\,m^2}{750\,m^2} = 0{,}26$

Gemäß § 20 Abs. 4 BauNVO bleiben bei der Ermittlung der GFZ
- untergeordnete Nebenanlagen
- Balkone
- Loggien
- Terrassen
- bauliche Anlagen, die nach Landesrecht in den Abstandsflächen zulässig sind oder zugelassen werden können

unberücksichtigt.

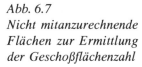

Abb. 6.7
Nicht mitanzurechnende Flächen zur Ermittlung der Geschoßflächenzahl

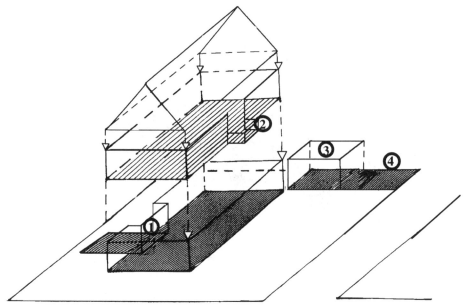

① = **Loggia**
② = **Balkon**
③ = **Garagen**
④ = **Garagenzufahrten**

6.5 Baumassenzahl (BMZ), Baumasse (BM)

Die Baumassenzahl (BMZ) gibt an, wieviel Baumasse (BM) je m² Grundstücksfläche (GRF) zulässig sind.

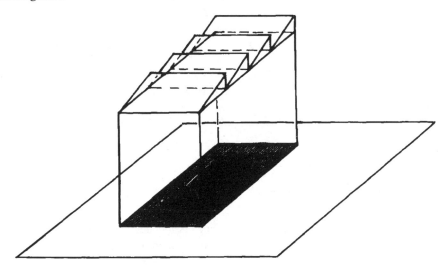

Abb. 6.8 Baumasse (BM)

Berechnung der BMZ

Grundstücksfläche   GRF = 30 m x 25 m = 750 m²

Baumasse   BM = 10 m x 15 m x 12 m = 1800 m³

$$\text{Berechnung der BMZ} = \frac{\text{Baumasse (BM)}}{\text{Grundstücksfläche (GRF)}} = \frac{1800 \text{ m}^3}{750 \text{ m}^2}$$

Gemäß § 21 Abs. 2 BauNVO ist die Baumasse (BM) nach den Außenmaßen der Gebäude vom Fußboden des untersten Vollgeschosses bis zur Decke des obersten Vollgeschosses zu ermitteln. Auch müssen die Baumassen von Aufenthaltsräumen und die dazugehörigen Treppenhäuser bei anderen Geschossen (keine Vollgeschosse) angerechnet werden.

7 Bauweise
7.1 Allgemeines

Schon seit der Antike hat die Bauweise ganz entscheidend den Charakter einer Siedlung geprägt. Gebäude mit seitlichem Grenzabstand stehen für aufgelockerte Siedlungsgebiete mit viel Grün. Gebäude ohne seitlichen Grenzabstand stehen dagegen für verdichtete, urbane Siedlungsformen.

In der Regel ist es nicht erforderlich, im Flächennutzungsplan die Bauweise darzustellen.

Dagegen kann gemäß § 9 Abs. 1 Nr. 2 BauGB in Verbindung mit § 22 Abs. 1 BauNVO die Bauweise im Bebauungsplan als offene, geschlossene oder abweichende Bauweise festgesetzt werden.

7.2 Offene Bauweise

Gemäß § 22 Abs. 2 BauNVO werden bei der offenen Bauweise die Gebäude mit seitlichem Grenzabstand (Bauwich W = Abstand eines Gebäudes zum Nachbargrundstück) als
- Einzelhäuser
- Doppelhäuser
- Hausgruppe

errichtet, wobei die Länge der einzelnen Hausformen **höchstens 50 m** betragen darf.

Im Bebauungsplan können Flächen festgesetzt werden, auf denen nur Einzelhäuser, nur Doppelhäuser, nur Hausgruppen oder nur zwei dieser Hausformen zulässig sind.

7.2 Offene Bauweise

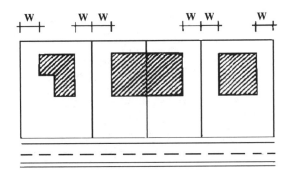

Abb. 7.1

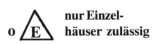 nur Einzel-
häuser zulässig

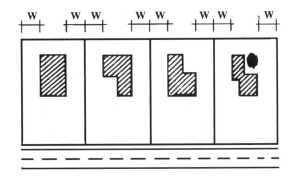

Abb. 7.2

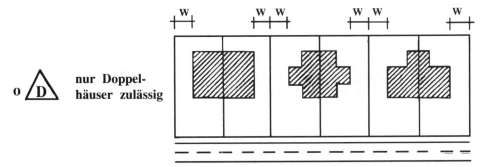

Abb. 7.3

7 Bauweise – 7.2 Offene Bauweise

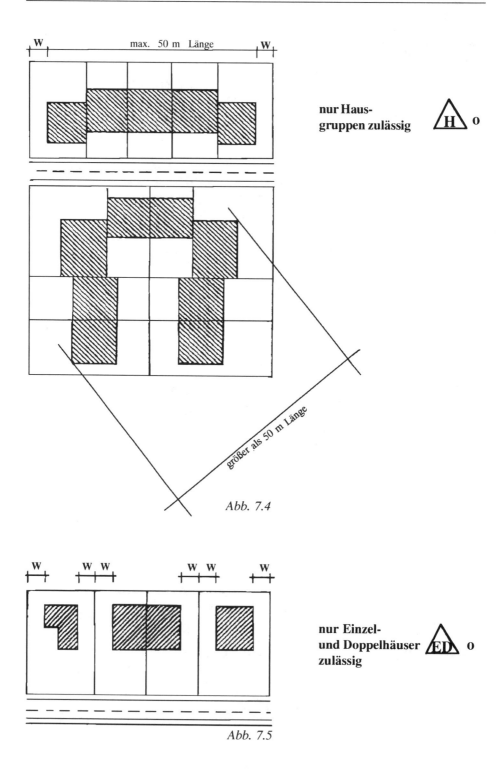

Abb. 7.4

Abb. 7.5

nur Hausgruppen zulässig

nur Einzel- und Doppelhäuser zulässig

Abb. 7.1-7.5   Möglichkeiten der Bebauung bei offener Bauweise

7.3 Geschlossene Bauweise

Gemäß § 22 Abs. 3 BauNVO werden bei der geschlossenen Bauweise die Gebäude ohne seitlichen Grenzabstand errichtet, es sei denn, daß die vorhandene Bebauung eine Abweichung erfordert.

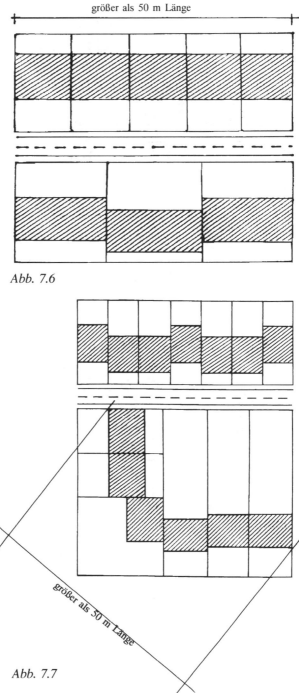

Abb. 7.6

Abb. 7.7

Beispiel von einer **Abweichung** von der geschlossenen Bauweise (Fenster im Bauwich bei einem vorhandenen Gebäude)

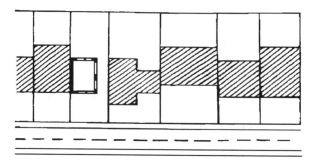

Abb. 7.8

Abb. 7.6-7.8   Möglichkeiten der Bebuuung bei geschlossener Bauweise

7.4 Abweichende Bauweise

Gemäß § 22 Abs. 4 BauNVO kann im Bebauungsplan eine von der offenen oder geschlossenen Bauweise abweichende Bauweise festgesetzt werden.
Dabei kann im Bebauungsplan auch festgesetzt werden, inwieweit an die vorderen, rückwärtigen und seitlichen Grundstücksgrenzen herangebaut werden darf oder muß.

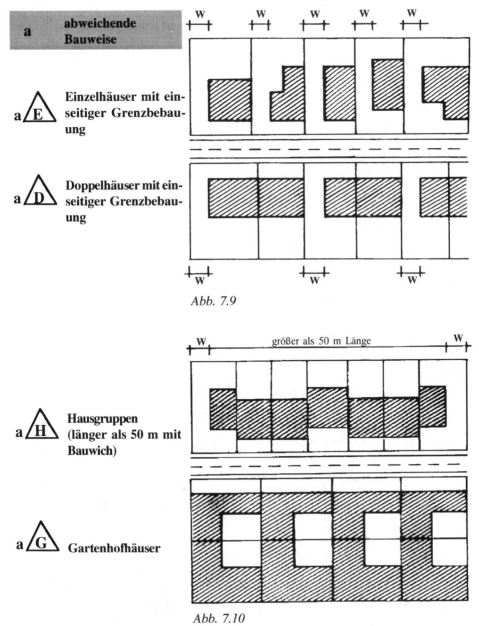

Abb. 7.9-7.10 Möglichkeiten der Bebauung bei abweichender Bauweise

8 Überbaubare Grundstücksflächen
8.1 Allgemeines

Bereits die preußische Baupolizei hat die städtebauliche Ordnung u. a. mittels Fluchtlinien geregelt, so daß die Gebäude häufig gereiht und nach einer Linie ausgerichtet erstellt werden mußten.
Nach heutigem Bauplanungsrecht können gemäß § 9 Abs. 1 Nr. 2 BauGB i. V. m. § 23 BauNVO im Bebauungsplan
- Baulinien
- Baugrenzen oder
- Bebauungstiefen

festgesetzt werden.

8.2 Baulinie

Wenn aus besonderen städtebaulichen Gründen (z. B. Altstadtsituation, Ergebnisse von Architekturwettbewerben usw.) heraus **Gestaltungsanforderungen** im Bebauungsplan zu entwickeln sind, so kann es geboten sein, Baulinien festzusetzen.

Gemäß § 23 Abs. 2 BauNVO muß auf einer festgesetzten Baulinie gebaut werden. Ein Vor- oder Zurücktreten von Gebäudeteilen in geringfügigem Ausmaß kann zugelassen werden. In diesem Fall ist durch eine textliche Festsetzung im Bebauungsplan das Ausmaß zu bestimmen. Schließlich ist es erlaubt, im Bebauungsplan weitere nach Art und Umfang bestimmte Ausnahmen vorzusehen.
Im Bebauungsplan können weitere nach Art und Umfang bestimmte Ausnahmen vorgesehen werden. Die Bebauungstiefe ist von der tatsächlichen Straßengrenze ab zu ermitteln, sofern im Bebauungsplan nichts anderes festgesetzt ist.

Beispiel

Geringfügiges Vortreten von Gebäudeteilen (z. B. Überschreiten der Bautiefe um 1 m bis zu 1/3 Seitenlänge) ist als Ausnahme im B-Plan festgesetzt.
Die Bebauungstiefe beginnt erst ab 5 m von der Straßengrenze südlich der Planstraße A.

Baulinie —·—··

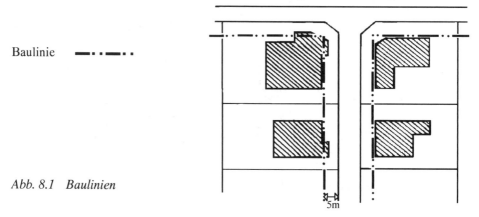

Abb. 8.1   Baulinien

8.3 Baugrenze

Ist im Bebauungsplan gemäß § 23 Abs. 3 BauNVO eine Baugrenze festgesetzt, so dürfen Gebäude und Gebäudeteile diese nicht überschreiten. Ein Vortreten von Gebäudeteilen in geringfügigem Ausmaß kann als textliche Festsetzung als Ausnahme zugelassen werden. Im Bebauungsplan können weitere nach Art und Umfang bestimmte Ausnahmen vorgesehen werden.

Beispiel

Geringfügiges Vertreten von Gebäudeteilen (z. B. Überschreitung der Baugrenze um 1 m bis zu 1/2 Seitenlänge) ist als Ausnahme im B-Plan festgesetzt.

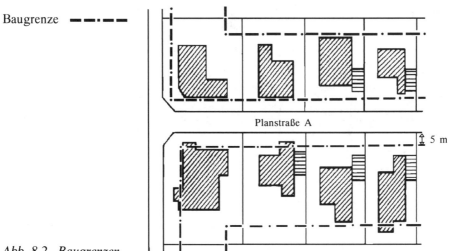

Abb. 8.2 Baugrenzen

8.4 Bautiefe

Ist eine Bautiefe im Bebauungsplan gemäß § 23 Abs. 4 BauNVO festgesetzt, so dürfen Gebäude und Gebäudeteile diese nicht überschreiten. Ein Vortreten von Gebäudeteilen in geringfügigem Ausmaß kann als Ausnahme im Bebauungsplan zugelassen werden.
Im Bebauungsplan können weitere nach Art und Umfang bestimmte Ausnahmen vorgesehen werden.
Die Bebauungstiefe ist von der tatsächlichen Straßengrenze ab zu ermitteln, sofern im Bebauungsplan nichts anderes festgesetzt ist.

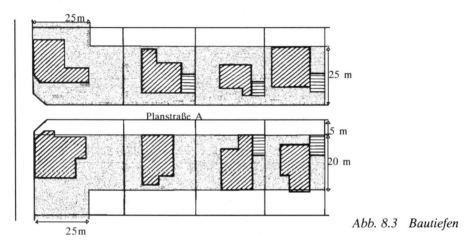

Abb. 8.3 Bautiefen

Beispiel

Geringfügiges Vortreten von Gebäudeteilen (z. B. Überschreiten der Bautiefe um 1 m bis zu 1/3 Seitenlänge) ist als Ausnahme im B-Plan festgesetzt.
Die Bebauungstiefe beginnt erst ab 5 m von der Straßengrenze südlich der Planstraße A.

8.5 Nebenanlagen bei überbaubaren Grundstücksflächen

Wenn im Bebauungsplan nichts anderes festgesetzt ist, können gemäß § 23 Abs. 5 BauNVO auf den nicht überbaubaren Grundstücksflächen Nebenanlagen zugelassen werden. Unter **Nebenanlagen** sind
- untergeordnete Anlagen und Einrichtungen, die dem Nutzungszweck der in dem Baugebiet gelegenen Grundstücke oder des Baugebietes selbst dienen und die seiner Eigenart nicht widersprechen (z. B. Wintergarten, Fahrradunterstand, Abfallsammelunterstellplatz)
- Einrichtungen der Kleintierhaltung (z. B. Hundezwinger, Voliere)
- der Versorgung der Baugebiete mit Elektrizität, Gas, Wärme und Wasser sowie zur Ableitung von Abwasser dienende untergeordnete Anlagen, untergeordnete fernmeldetechnische Anlagen und
- untergeordnete Anlagen für erneuerbare Energien

zu verstehen.

Ebenfalls sind im Bebauungsplan, sofern nichts anderes festgesetzt ist, bauliche Anlagen, die nach Landesrecht in den Abstandsflächen zulässig sind oder zugelassen werden können, möglich (z. B. Garagen, Carports).

9 Abstandsflächen

Gemäß Bauordnungsrecht der Länder sind vor den Außenwänden von Gebäuden Abstandsflächen von oberirdischen Gebäuden freizuhalten. Die Abstandsflächen dienen der Besonnung und Belüftung der baulichen Anlagen.

Keine Abstandsfläche ist erforderlich vor Außenwänden, die an Nachbargrenzen errichtet werden, wenn nach planerischen Vorschriften
a) das Gebäude an die Grenze gebaut werden muß (z. B. bei geschlossener Bauweise) oder
b) das Gebäude an die Grenze gebaut werden darf und öffentlich-rechtlich gesichert ist, daß vom Nachbargrundstück angebaut wird (z. B. Doppelhaus).

Die Abstandsflächen müssen auf dem Grundstück selbst liegen. Die Abstandsflächen dürfen auch auf öffentlichen Verkehrsflächen, öffentlichen Grundflächen und öffentlichen Wasserflächen liegen, jedoch nur bis zu deren **Mitte**.

Die Abstandsflächen dürfen sich **nicht überdecken**. Dies gilt nicht für
a) Außenwände, die in einem Winkel von mehr als 75° zueinander stehen
b) Außenwände, die zu einem fremder Sicht entzogenen Gartenhof stehen (allerdings nur bei Wohngebäuden mit max. 2 Wohnungen)
c) Gebäude und andere bauliche Anlagen, die in den Abstandsflächen zulässig sind oder gestattet werden

Die **Tiefe der Abstandsflächen** bemißt sich nach der Wandhöhe H. Sie wird senkrecht zur Wand bemessen. Als Wandhöhe H gilt das Maß von der festgelegten Geländeoberfläche bis zum Schnittpunkt der Wand mit der Dachhaut oder bis zum oberen Abschluß der Wand.

Die Tiefe der Abstandsflächen beträgt 1 H, mindestens jedoch 3 m (Bauwich; siehe auch Kap. 7.2). Abweichende Regelungen gelten für
a) Kerngebiete (MK) mit 0,5 H, mindestens 3 m
b) Gewerbegebiete (GE) und Industriegebiete (GI) mit 0,25 H, mindestens 3 m
c) Sondergebiete (SO) mit weniger als 1 H gemäß B-Plan-Festsetzung, mindestens jedoch auch hier 3 m

In der „Musterbauordnung für die Länder der Bundesrepublik Deutschland" (MBauO), die von der Arbeitsgemeinschaft der für das Bau-, Wohnungs- und Siedlungswesen zuständigen Ministerien der Länder (ARGEBAU) beschlossen wurde, ist weiterhin geregelt, daß vor 2 Außenwänden von nicht mehr als 16 m Länge eine Tiefe der Abstandsfläche von 0,5 H genügt, mindestens jedoch auch hier 3 m.

Bei der Bemessung der Abstandsflächen bleiben **außer Betracht**
a) vor die Außenwand vortretende Bauteile (z. B. Gesimse, Dachvorsprünge, Blumenfenster, Hauseingangstreppen nebst Überdachungen) sowie
b) Erker und Balkone
soweit sie nicht mehr als 1,50 m vortreten.

9 Abstandsflächen

Nach MBauO sind **in den Abstandsflächen** eines Gebäudes ohne eigene Abstandsflächen **zulässig**:
a) Garagen einschließlich Abstellraum (max. Höhe von 3 m) bis zu 8 m Länge je Nachbargrenze direkt an der Nachbargrenze,
b) Stützmauern und geschlossene Einfriedungen bis zu einer Höhe von 1,80 m (in GE-/GI-Gebieten keine Höhenbegrenzung)

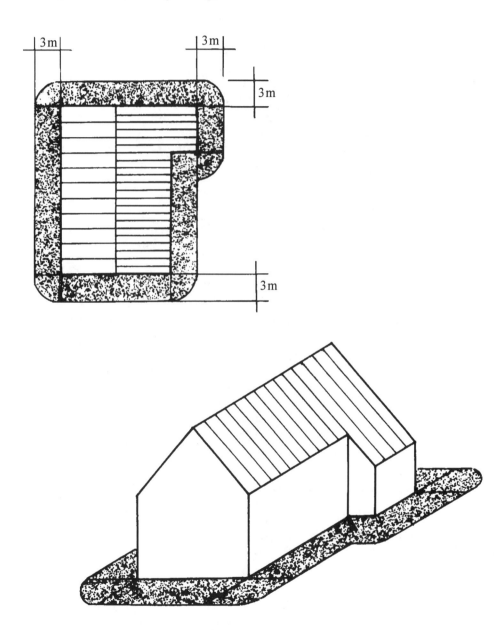

*Abb. 9.1 Abstandsflächen nach MBauO;
hier: Mindestabstandsflächen*

56 9 Abstandsflächen

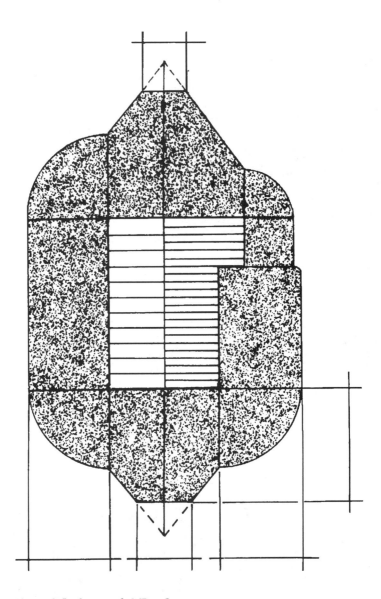

*Abb. 9.2   Abstandsflächen nach MBauO;
hier: Tiefe der Abstandsflächen*

Eingeschränkte Tiefe der Abstandsflächen bei besonderen Gebieten (z. B. MK) und bei besonderen Vorhaben (z. B. max. 16 m lange Außenwände)

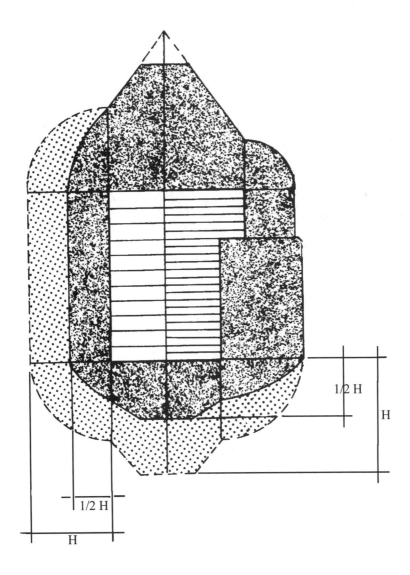

Abb. 9.3 Privilegierung von Abstandsflächen nach MBauO

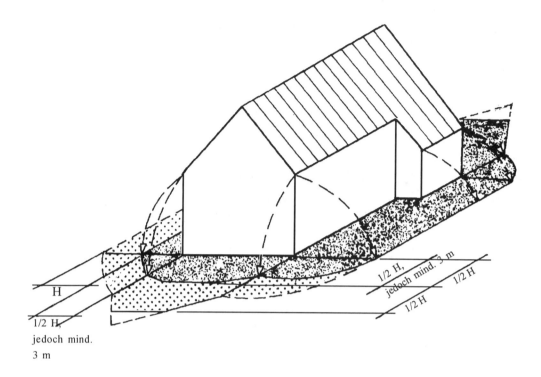

Abb. 9.4 Privilegierung von Abstandsflächen nach MBauO

10 Vollgeschoß

Gemäß Musterbauordnung (MBauO) sind Vollgeschosse Geschosse, deren Deckenoberkante im Mittel mehr als 1,40 m über die festgelegte Geländeoberfläche hinausragt und die über mindestens 2/3 ihrer Grundfläche ihre lichte Höhe von mind. 2,30 m haben.

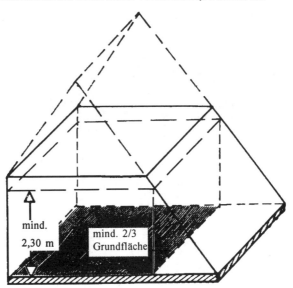

Abb. 10.1 Vollgeschoß

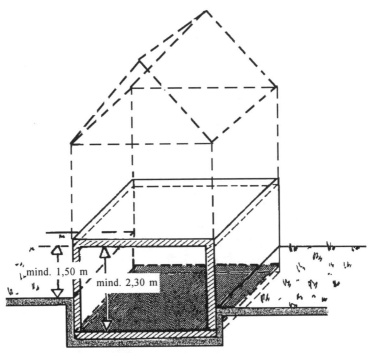

Abb. 10.2 Kellergeschoß als Vollgeschoß

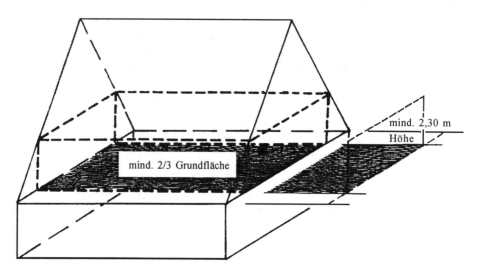

Abb. 10.3   Dachgeschoß als Vollgeschoß

11 Bauleitplanverfahren

Gemäß § 2 Abs. 1 BauGB sind die Bauleitpläne von der Gemeinde **in eigener Verantwortung** aufzustellen.

Die **Bauleitpläne benachbarter Gemeinden** sind nach § 2 Abs. 2 BauGB aufeinander abzustimmen.
Auf die Ausstellung von Bauleitplänen besteht gemäß § 2 Abs. 3 kein Rechtsanspruch.

Die nachfolgend in der Tabelle aufgezeigten Verfahrensschritte gelten für die Aufstellung, Änderung, Ergänzung und Aufhebung von Bauleitplänen.

Tab. 11.1 Verfahrensablauf für einen B-Plan (vereinfacht dargestellt)

	Arbeitsschritte	**Beteiligte**	**Rechtsgrundlage**
1.	**Voruntersuchung** - Abgrenzung des Untersuchungsgebietes - Zusammenstellung und Auswertung aller Planunterlagen	Gemeindeverwaltung	
2.	**Aufstellungsbeschluß** - Ortsübliche Bekanntmachung in der Tagespresse	Gemeindeverwaltung	§ 2 Abs. 1 BauGB
3.	**Vorentwurf** - Bestandsaufnahme u. a. von Natur und Landschaft - Erstellung von Planvorschlägen (Alternativen)	Gemeindeverwaltung oder Planungsbüro	
4.	**Vorgezogene Bürgerbeteiligung** - Bestimmung über Art und Weise sowie Zeitpunkt der vorgezogenen Bürgerbeteiligung - Ortsübliche Bekanntmachung - Darlegung der allgemeinen Ziele und Zwecke der Planung sowie ihrer Auswirkungen	Gemeindeverwaltung oder Planungsbüro	§ 3 Abs. 1 BauGB

	Arbeitsschritte	Beteiligte	Rechtsgrundlage
5.	**Entwurf** - Weitere Ausarbeitung - Integration der naturschutzrechtlichen Eingriffsregelung - Gemeindeinterne Ämterbeteiligung	Gemeindeverwaltung oder Planungsbüro	
6.	**Beteiligung der Träger öffentlicher Belange (TÖB)** - Übersendung von Planunterlagen an TÖB - Auswertung der Stellungnahme - Einarbeitung in den Planentwurf	Gemeindeverwaltung oder Planungsbüro	§ 4 Abs.1 BauGB
7.	**Öffentliche Auslegung** - Ortsübliche Behandlung der Tagespresse - Benachrichtigung der TÖB - 1 Monat öffentliche Auslegung	Gemeindeverwaltung	§ 3 Abs. 2 BauGB
8.	**Satzungsbeschluß** - Auswertung der Anregungen - Endgültige Abwägung - Satzungsbeschluß über Plan und Begründung	Gemeindeverwaltung	§ 10 Abs. 1 BauGB
9.	**Ggf. Genehmigung bei der höheren Verwaltungsbehörde**	Gemeindeverwaltung	§ 10 Abs. 2 BauGB
10.	**Genehmigung des Planes** - Prüfung auf Verletzung von Rechtsvorschriften	Aufsichtsbehörde	

Arbeitsschritte	Beteiligte	Rechts-grund-lage
11. Bekanntmachung - Ortsübliche Bekanntmachung der Genehmigung des Bebauungsplanes in der Tagespresse - Inkrafttreten des Planes	Gemeindeverwaltung	§ 10 Abs. 3 BauGB

12 Inhalt des Flächennutzungsplanes

Im Flächennutzungsplan (F-Plan) ist gemäß § 5 Abs. 1 BauGB für das ganze Gemeindegebiet die aus der beabsichtigten städtebaulichen Entwicklung sich ergebende **Art der Bodennutzung** nach den voraussehbaren Bedürfnissen der Gemeinde **in den Grundzügen** darzustellen. Ein Erläuterungsplan ist dem F-Plan beizufügen.
Im F-Plan können gemäß § 5 Abs. 2 BauGB folgende **Darstellungen** aufgenommen werden (die Aufzählung ist nicht abschließend):

1. Flächen nach der allgemeinen Art ihrer baulichen Nutzung (Bauflächen)

- Wohnbauflächen (W)

- gemischte Bauflächen (M)

- gewerbliche Bauflächen (G)

- Sonderbauflächen (S)

Flächen nach dem allgemeinen Maß der baulichen Nutzung
- GRZ   z. B. 0,4
- GFZ   z. B. 0,6
- BMZ   z. B. 3,0

Flächen, für die eine zentrale Abwasserbeseitigung nicht vorgesehen ist, z. B.

2. Ausstattung des Gemeindegebiets mit Einrichtungen und Anlagen zur Versorgung mit Gütern und Dienstleistungen des öffentlichen und privaten Bereiches.
- Schulen

- Kirchen

- soziale Einrichtungen

- gesundheitliche Einrichtungen

- kulturelle Einrichtungen

- Fläche für Sportanlagen

- Fläche für Spielanlagen

3. Flächen für den überörtlichen Verkehr
    - Autobahnen, überörtliche sowie örtliche Hauptverkehrsstraßen und Verkehrsstraßen
    - Wasserwege

    - Bahnanlagen

    - Flughafen

    - Landeplatz

    - Segelfluggelände

    - Hubschrauberlandeplatz

4. Flächen für Versorgungsanlagen

    - Elektrizitätswerke

    - Gaswerke

    - Fernwärmewerke

    - Wasserwerke

Flächen für die Abfallentsorgung

- Deponien

Flächen für die Abwasserbeseitigung
- Kläranlagen

Flächen für Hauptversorgungs- und Hauptabwasserleitungen
- KV-Leitungstrassen (oberirdisch)

- Hauptsammelschmutzleitungen (unterirdisch)

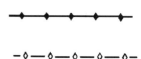

5. Grünflächen

- Parkanlagen

- Dauerkleingärten

- Sportplätze

- Zeltplätze

- Badeplätze

- Friedhöfe

6. Flächen für Nutzungsbeschränkungen
   - Lärmimmissionen
   - Geruchsimmissionen

Flächen für Vorkehrungen zum Schutz gegen schädliche Umwelteinwirkungen im Sinne des Bundes-Immissionsschutzgesetzes
   - Lärmschutzwälle
   - Lärmschutzwände

7. Wasserflächen
   - Flüsse
   - Seen

Häfen
   - Binnenhäfen
   - Seeschiffahrtstiefe Häfen

Flächen, die für die Wasserwirtschaft vorgesehen sind

   - Regenwasserrückhaltebecken

   - Schutzgebiete für Grund- und Quellwassergewinnung

   - Schutzgebiet für Oberflächengewässer

Flächen, die im Interesse des Hochwasserschutzes und der Regelung des Wasserabflusses freizuhalten sind
   - Überschwemmungsgebiete

8. Flächen für Aufschüttungen
   - Poldergebiete

Flächen für Abgrabungen oder für die Gewinnung von Steinen, Erden und anderen Bodenschätzen
   - Kiesgruben

9. Flächen für die Landwirtschaft
   - Grünland
   - Ackerland

Wald
   - Forstwirtschaftswald

   - Schutzwald

   - Erholungswald

10. Flächen für Maßnahmen zum Schutz, zur Pflege und zur Entwicklung von Natur und Landschaft
    - Kompensationsflächen nach naturschutzrechtlicher Eingriffsregelung

Neben o. g. Festsetzungen kann der F-Plan weiterhin
   - Kennzeichnungen (siehe Kap. 13.2) und
   - nachrichtliche Übernahmen (siehe Kap. 13.3)
enthalten.

13 Inhalt des Bebauungsplanes
13.1 Allgemeines

Der Bebauungsplan (B-Plan) enthält die rechtsverbindlichen Festsetzungen für die städtebauliche Ordnung. Er bildet die **Grundlage für weitere zum Vollzug erforderliche Maßnahmen** (z. B. Erschließung).

Der B-Plan setzt die **Grenzen seines räumlichen Geltungsbereiches** genau für einen bestimmten Teil des Gemeindegebietes fest.

Dem B-Plan ist eine **Begründung** beizufügen. In ihr sind die Ziele, Zwecke und wesentlichen Auswirkungen darzulegen.

13.2 Festsetzungen

Im B-Plan können gemäß § 9 Abs. 1 BauGB folgende Festsetzungen aufgenommen werden (die Aufzählung ist abschließend):
1. Art der baulichen Nutzung (siehe Kap. 5)

2. Maß der baulichen Nutzung (siehe Kap. 6)
- Grundflächenzahl   z. B. 0,4 oder GRZ 0,4
- Grundfläche   z. B. GR 100 m^2
- Geschoßflächenzahl   z. B. 0,6 oder GFZ 0,6
- Geschoßflächenzahl als
  Mindest- oder Höchstzahl   z. B. 0,6 bis 0,8 oder GFZ 0,6 bis 0,8
- Geschoßfläche z. B. GF 600 m^2
- Geschoßfläche als
  Mindest- oder Höchstmaß   z. B. GF 600 m^2 bis 800 m^2
- Baumassenzahl   z. B. 3,0 oder BMZ 3,0
- Baumasse mit
  Volumenangaben   z. B. BM 4000 m^3
- Zahl der Vollgeschosse
  als Höchstmaß   z. B. III
  als Mindest- oder Höchstmaß   z. B. III-V
  zwingend   Ⓘ̄ⅠⅠ

Abb. 13.1   Höhe baulicher Anlagen

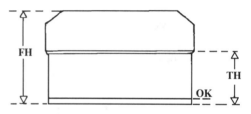

- Höhe baulicher Anlagen (mit Bestimmung der erforderlichen Bezugspunkte)
als Höchstmaß Traufhöhe	z. B. TH 10,50 m über Gehweg
als Höchstmaß Firsthöhe	z. B. FH 15,00 m über Gehweg
als Mindest- oder Höchstmaß	z. B. FH 120 m bis 125 m über NN
zwingend	z. B. FH 123 m über NN
als Oberkante	z. B. OK max. 0,40 m

Beispiel einer textlichen Festsetzung:

„Die Traufhöhe TH beträgt mind. 2,75 m bis max. 3,25 m über Gehweg. Die Firsthöhe FH beträgt mind. 7,50 m bis max. 9,00 m über Gehweg. Die Oberkante OK EG beträgt max. 0,30 m."

Abb. 13.2   Höhe baulicher Anlagen

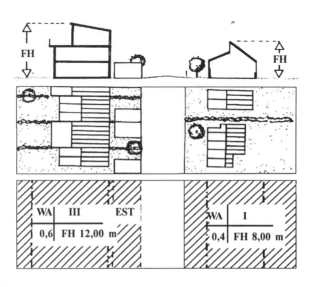

Abb. 13.3   Höhe baulicher Anlagen

3. Bauweise

Offene Bauweise o
nur Einzelhäuser zulässig

nur Doppelhäuser zulässig

nur Hausgruppen zulässig

nur Einzel- und Doppelhäuser zulässig

Geschlossene Bauweise g
nur Hausgruppen zulässig

Abweichende Bauweise a

Nicht überbaubare Grundstücksflächen
Baulinie ▪▬▪▬▪▬▪
Baugrenze ▬▬▪▬▬
Bautiefe, z. B. BT 20 m vom Gehweg

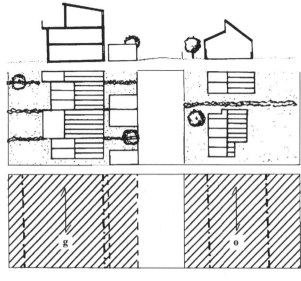

Abb. 13.4 Bauweise

Stellung der baulichen Anlagen
Ausrichtung des Hauptbaukörpers (Hauptfirstrichtung)
oder
als textliche Festsetzung (siehe nachfolgende Beispiele)

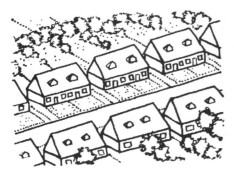

In der Planstraße ist die gleichmäßige Reihe von Doppelhäusern als Grundelement der Siedlung vorzusehen.

Abb. 13.5   Einfache Reihe

In der Planstraße sind quergestellte Einzelhäuser als Unterbrechung der Reihe vorzusehen.
Sie zeigen Straßeneinmündungen an und beleben die Raumbegrenzung.

Abb. 13.6   Gegliederte Reihe

In dem Planhof sind Einzelhausgruppen zu bilden, die von einem Doppelhaus räumlich abgeschlossen werden.

Abb. 13.7   Höfe

Die Zusammensetzung des zentralen Bereichs besteht aus drei und mehr Wohneinheiten.
Die Baukörper sind langgestreckt und bilden deshalb einen geschlossen Platz.

Abb. 13.8   Platz

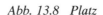

4. Mindestmaß für Größe, Breite und Tiefe der Baugrundstücke

Beispiel einer textlichen Festsetzung:
„Die Größe des Baugrundstückes im WA-1-Gebiet beträgt mindestens 2000 m², um den Villencharakter zu erhalten."

Höchstmaße für Größe, Breite und Tiefe der Baugrundstücke aus Gründen des sparsamen und schonenden Umgangs mit Grund und Boden für Wohnbaugrundstücke

Beispiel einer textlichen Festsetzung:
„Das Höchstmaß der Grundstücke im WA-1-Gebiet beträgt max. 300 m² bei einer Grundstückstiefe von 30 m, von Planstraße A aus gemessen.
Das Höchstmaß der Grundstücke im WA-2-Gebiet beträgt max. 200 m² bei einer Grundstückstiefe von 20 m, von der Planstraße A aus gemessen."

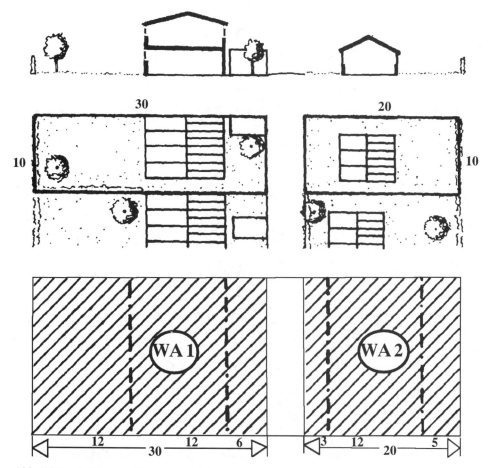

Abb. 13.9 Größe von Baugrundstücken

5. Flächen für Nebenanlagen, die aufgrund anderer Vorschriften (z. B. aus der jeweiligen Landesbauordnung) für die Nutzung von Grundstücken erforderlich sind

Flächen für Stellplätze   ST

Flächen für Gemeinschaftsstellplätze   GSt

Flächen für Garagen   Ga

Flächen für Gemeinschaftsgaragen   GGa

Flächen für Spielplätze

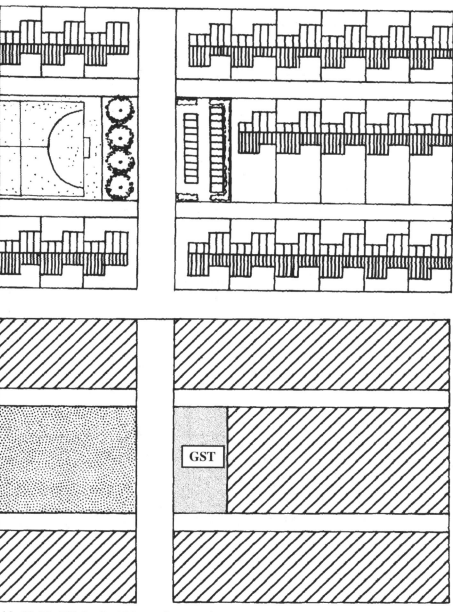

Abb. 13.10   Fläche für Nebenanlagen aufgrund anderer Vorschriften

6. Flächen für den Gemeinbedarf

z. B.

öffentliche Verwaltung

Schule

Feuerwehr

Flächen für Sport- und Spielanlagen

z. B.

Sportplatz

Spielplatz

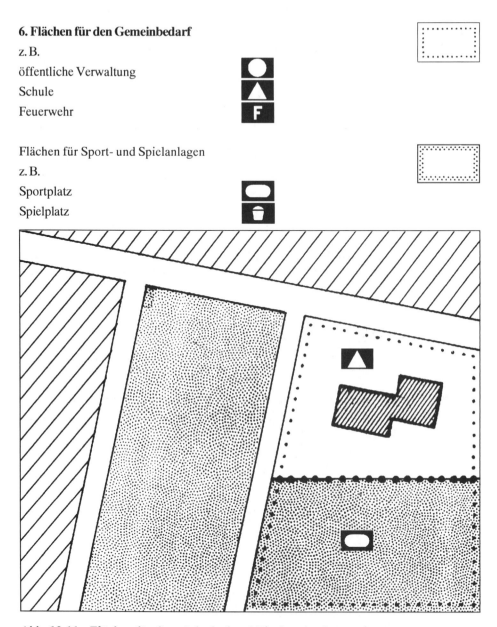

Abb. 13.11   Flächen für Gemeinbedarf und Flächen für Sportanlagen

7. Höchstzulässige Zahl der Wohnungen in Wohngebäuden
   (aus besonderen städtebaulichen Gründen)

Beispiel einer textlichen Festsetzung:
„Um die Eigenart der Wohnnutzung in dem bebauten Gebiet entlang der Planstraße A zu erhalten und fortzuentwickeln, wird die höchstzulässige Zahl der Wohnungen auf je 10 Wohngebäude festgesetzt."

8. Flächen, auf denen ganz oder teilweise nur Wohngebäude, die mit Mitteln des sozialen Wohnungsbaus gefördert werden könnten, errichtet werden dürfen

Beispiel einer textlichen Festsetzung:

„In dem mit A bezeichneten WA-Gebiet müssen mindestens 80 % der Flächen mit Wohngebäuden errichtet werden, die mit Mitteln des sozialen Wohnungsbaus gefördert werden."

9. Einzelne Flächen, auf denen ganz oder teilweise nur Wohngebäude errichtet werden dürfen, die für Personengruppen mit besonderem Wohnbedarf bestimmt sind

Beispiel einer textlichen Festsetzung:

„In dem mit B bezeichneten WA-Gebiet müssen wegen Erhalt der gewachsenen Bevölkerungsstruktur in dem Quartier mindestens 70 % der Flächen mit Altenwohnungen bebaut werden."

10. Flächen mit besonderem Nutzungszweck

Beispiel einer textlichen Festsetzung:

| PARKHAUS |

„Auf den mit C bezeichneten, im MK-Gebiet gelegenen Flächen ist wegen des großen Defizits beim ruhenden Verkehr ein Parkhaus mit mindestens 150 Stellplätzen zu errichten."

11. Flächen, die von der Bebauung freizuhalten sind, und ihre Nutzung

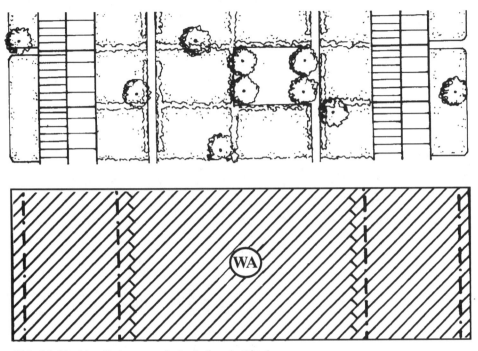

Abb. 13.12   Von Bebauung freizuhaltende Flächen

Beispiel einer textlichen Festsetzung:

„In den von Bebauung freizuhaltenden Flächen sind nur Nebenanlagen mit einem Gebäude bei max. 6 m³ Bruttorauminhalt für Abstellzwecke je Parzelle zulässig."

12. Verkehrsflächen

- z. B. Autobahnen

- Bundesstraßen, Landesstraßen, Kreisstraßen

- Hauptverkehrsstraßen, Verkehrsstraßen, Sammelstraßen, Anliegerstraßen

- Ein- und Ausfahrten:
    z. B. Einfahrt
    z. B. Einfahrtsbereich
    z. B. Bereich ohne Ein- und Ausfahrt

Verkehrsflächen besonderer Zweckbestimmung

    z. B. Öffentliche Parkfläche   **P**

    Fußgängerbereich

    Verkehrsberuhigter Bereich   **V**

    Mischfläche   **M**

    Fahrradstraße   **F**

    Verkehrsübungsplatz   **VU**

    Marktplatz   **VM**

    Bahnanlage

    Magnetbahn

    Straßenbahn

    Seilbahn

    Hauptwanderweg

    Reitweg

Flächen für den Luftverkehr

    Flughafen

    Landeplatz

    Segelflugplatz

    Hubschrauberlandeplatz

13.2 Festsetzungen

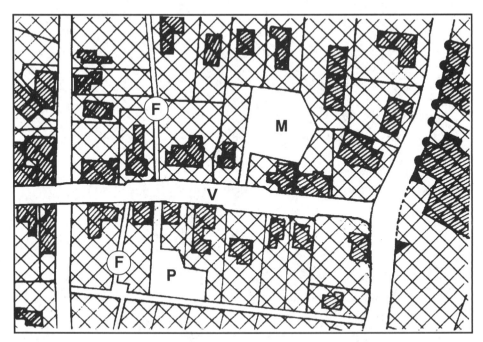

F = Fahrradstraße
V = Verkehrsberuhigter Bereich

Abb. 13.13 Verkehrsflächen und Verkehrsflächen besonderer Zweckbestimmung

13. Versorgungsflächen

z. B. Elektrizität

Blockheizkraftwerk

Gas

Fernwärme

Nahwärme

Wasser

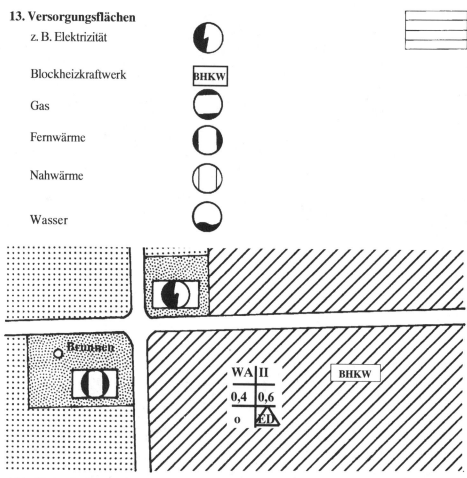

Abb. 13.14 *Versorgungsflächen*

14. Führung von Versorgungsanlagen und -leitungen

oberirdische Fernwärmeleitung

unterirdische Fernwasserleitung

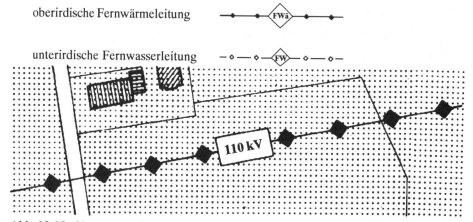

Abb. 13.15 *Versorgungsleitungen*

15. Flächen für die Abfallentsorgung

z. B. Mülldeponien, Bioabfallaufbereitungsanlagen, Grünabfallsammelstellen

Flächen für die Abwasserbeseitigung

z. B. Klärwerke, Abwasserverrieselungs-, Abwasserverregnungsfelder

Flächen für Ablagerungen

z. B. Kaliberge, Erzabraumhalden

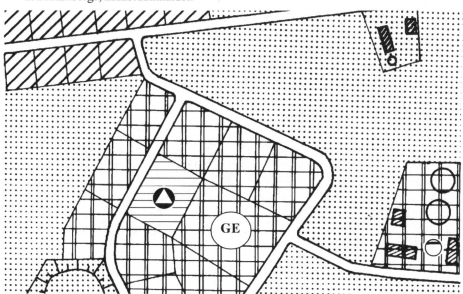

Abb. 13.16   Flächen für Abfallentsorgung und Flächen für Abwasserbeseitigung

16. Öffentliche Grünflächen

Parkanlagen

Sportplätze (in öffentliche Grünflächen integriert)

Spielplätze (in öffentliche Grünflächen integriert)

Zeltplätze (in öffentliche Grünflächen integriert)

Badeplätze (in öffentliche Grünflächen integriert)

Friedhöfe

Private Grünflächen

   Dauerkleingärten

   Mietergärten

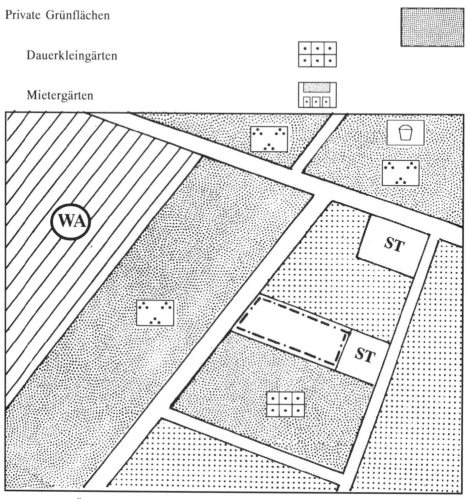

Abb. 13.17 *Öffentliche und private Grünflächen*

17. Wasserflächen

   z. B. Flüsse, Bäche, Vorfluter, Meere, Seen

   Hafen (Wasserflächen von Häfen)

   Flächen für die Wasserwirtschaft

     z. B. Schutzgebiete für die Gewinnung von Grundwasser

     Schutzgebiete für die Gewinnung von Quellwasser

Schutzgebiete für die Gewinnung von Oberflächenwasser

Flächen für Hochwasserschutzanlagen
z. B. Hochwasserrückhaltebecken

Flächen für die Regelung des Wasserabflusses
z. B. Überschwemmungsgebiet

Regenwasserrückhaltebecken

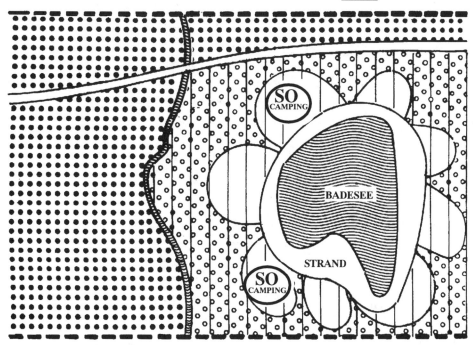

Abb. 13.18 Wasserflächen

18. Flächen für Aufschüttungen
z. B. Schlammauftrag in dafür ausgewiesenen Poldern

Flächen für Abgrabungen
z. B. großflächige Bodenentnahmestellen

Flächen für die Gewinnung von Steinen, Erden und anderen Bodenschätzen
z. B. Kiesentnahmegruben

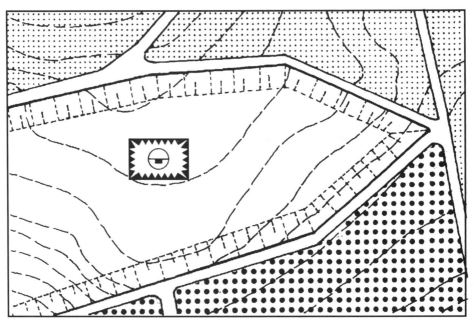

Abb. 13.19   Flächen für die Gewinnung von Bodenschätzen

19. Flächen für die Landwirtschaft

Wald

z. B. Schutzwald

Erholungswald

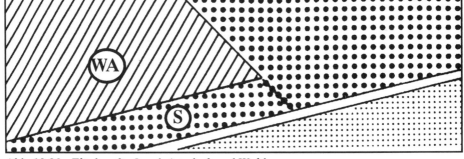

Abb. 13.20   Flächen für Landwirtschaft und Wald

20. Flächen für die Errichtung von Anlagen für die Kleintierhaltung, z. B. Ausstellungsanlagen, Zuchtanlagen, Zwinger, Koppeln

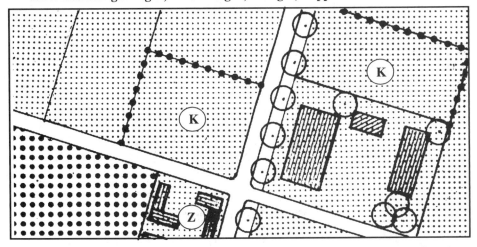

K = Koppeln
Z = Zwinger

Abb. 13.21 Flächen für die Errichtung von Anlagen zur Kleintierhaltung

21. Flächen für Maßnahmen zum Schutz, zur Pflege und zur Entwicklung von Boden, Natur und Landschaft

Beispiel einer textlichen Festsetzung:

„In den Flächen für Maßnahmen zum Schutz, zur Pflege und zur Entwicklung von Boden, Natur und Landschaft sind beiderseits des Fließgewässers in einem mind. 15 m breiten Streifen (gemessen von der Mitte des Gewässers) artenreiche Sumpf- und Wasserpflanzen einzubringen. Die restlichen Flächen sollen sich zu extensiven Grünlandflächen entwickeln."

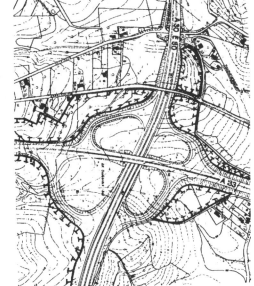

Abb. 13.22 Flächen für Maßnahmen zum Schutz, zur Pflege und zur Entwicklung von Boden, Natur und Landschaft

22. Flächen, die mit Geh-, Fahr- und Leitungsrechten zugunsten der Allgemeinheit, eines Erschließungsträgers oder eines beschränkten Personenkreises belastet sind

Beispiel einer textlichen Festsetzung:

„Auf dem Privatweg sind zugunsten der Anlieger A, B, C und D Geh-, Fahr- und Leitungsrechte festgesetzt."

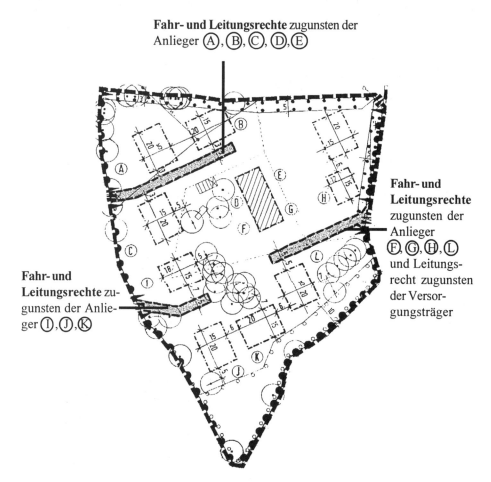

Abb. 13.23 Flächen für Geh-, Fahr- und Leitungsrechte

23. Flächen für Gemeinschaftsanlagen für bestimmte räumliche Bereiche

z. B. Kinderspielplätze

Freizeiteinrichtungen

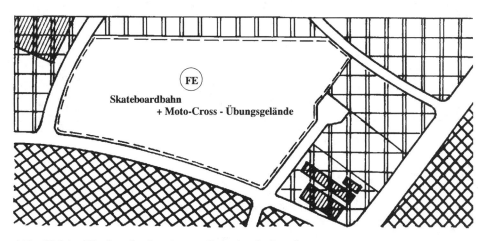

Abb. 13.24   Flächen für bestimmte Gemeinschaftsanlagen

24. Gebiete, in denen aus besonderen städtebaulichen Gründen oder zum Schutz vor schädlichen Umwelteinwirkungen im Sinne des Bundes-Immissionsschutzgesetzes bestimmte luftverunreinigende Stoffe nicht oder nur beschränkt verwendet werden dürfen

Beispiel einer textlichen Festsetzung:

„Der Jahresheizwärmebedarf pro m^2 aller neu zu errichtenden Gebäude mit normalen Innentemperaturen wird wie folgt begrenzt:

a) für alle aneinandergereihten Gebäude mit einer Gesamtnutzfläche größer als 300 m^2 auf max. 6 kWh
b) für alle anderen Gebäude auf max. 70 kWh."

25. Flächen für besondere Anlagen und Vorkehrungen zum Schutz vor schädlichen Umwelteinwirkungen im Sinne des Bundes-Immissionsschutzgesetzes

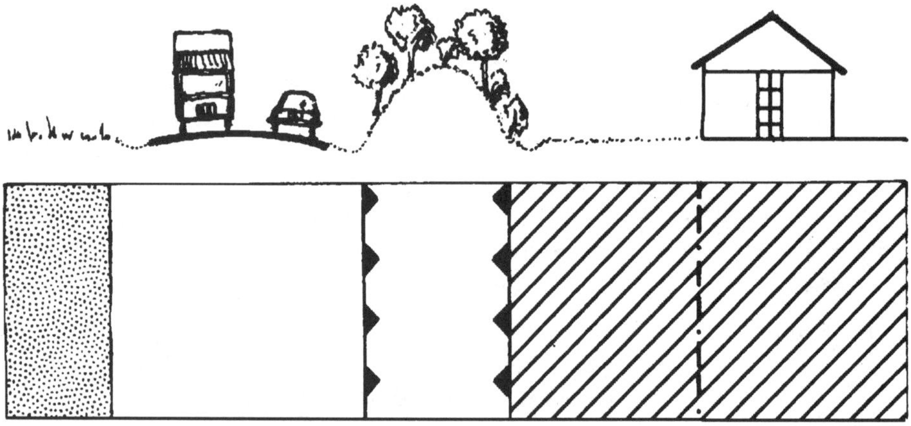

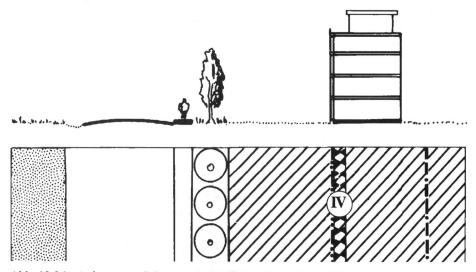

Abb. 13.25 Flächen zum Schutz vor schädlichen Umwelteinwirkungen

Beispiel einer textlichen Festsetzung:
„Die Fläche für besondere Anlagen und Vorkehrungen zum Schutz vor schädlichen Umwelteinwirkungen wird als Lärmschutzwall von 4,00 m Höhe, gemessen von der Fahrbahnoberkante, ausgebildet."

Abb. 13.26 Anlage zum Schutz vor schädlichen Umwelteinwirkungen

Beispiel einer textlichen Festsetzung:
„In den Flächen zum Schutz vor schädlichen Einwirkungen aus dem Verkehrsraum sind technische Vorkehrungen in Form von belüfteten Schallschutzfenstern oder vorgehängten transparenten Fassadenteilen vorzusehen, so daß hinter den technischen Vorkehrungen gelegenen Räumen max. 55 dB (A) vorherrschen."

26. Einzelne Flächen für das Anpflanzen von Bäumen, Sträuchern, sonstige Bepflanzungen sowie von Gewässern

Anpflanzen von Bäumen

Anpflanzen von Sträuchern

Sonstige Bepflanzungen (z. B.) Fassadengrün, Dachgrün

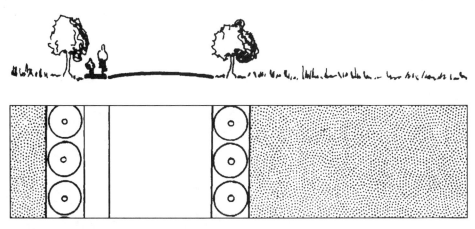

Abb. 13.27 Anpflanzungen

Beispiel einer textlichen Festsetzung:

„Zur Eingrünung des Ortsrandes sind auf den Privatgrundstücken in den dafür festgesetzten Flächen mind. 3 Sträucher/15 m² sowie 1 hochstämmiger Laubbaum/30 m² zu pflanzen."

Beispiel einer textlichen Festsetzung:

„In dem GE-Gebiet sind mind. 50 % der transparenten Außenwände der baulichen Anlagen dauerhaft zu begrünen."

Beispiel einer textlichen Festsetzung:

„Entlang der Allee ist pro 20 m ein standortgerechter Straßenbaum parallel zur Verkehrsstraße zu pflanzen."

Einzelne Flächen für Bindungen für Bepflanzungen und für die Erhaltung von Bäumen, Sträuchern und sonstigen Bepflanzungen sowie von Gewässern

Erhaltung von Bäumen

Erhaltung von Sträuchern

Erhaltung von sonstigen Bepflanzungen
(z. B. Fassadengrün, Dachgrün)

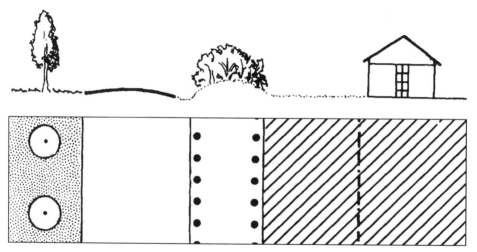

Abb. 13.28   Erhaltung von Pflanzungen

Beispiel einer textlichen Festsetzung:

„Die Fläche für Erhaltung dient dem Schutz bzw. der Erhaltung der vorhandenen Wallhecke. Sie ist bei Abgang durch standortgerechte, ortsübliche Sträucher in ihrem Bestand auf Dauer zu erhalten.
Die in der öffentlichen Grünfläche zu erhaltenden großen Einzelbäume sind bei Abgang wieder nachzupflanzen."

Beispiel einer textlichen Festsetzung:

„In der Streuobstwiese ist der Bestand auf Dauer zu erhalten (mind. 1 Obstbaum/50 m^2). Abgänge sind am gleichen Standort nachzupflanzen."

27. Flächen für Aufschüttungen, Abgrabungen und Stützmauern zur Herstellung von Straßenkörpern

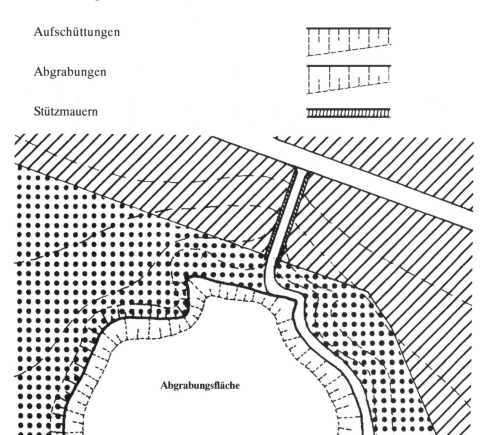

Abb. 13.29 *Flächen für Abgrabungen und Stützmauern*

Im B-Plan kann weiterhin gemäß § 9 Abs. 2 BauGB die **Höhenlage** festgesetzt werden.

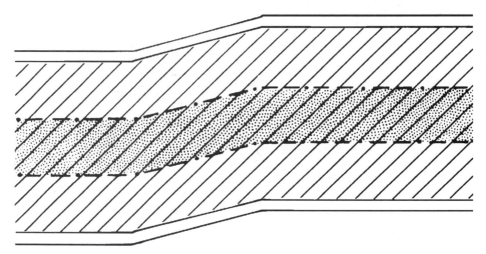

Abb. 13.30   Höhenlagen von Baugebieten

Beispiel einer textlichen Festsetzung:

„Die max. Höhe der baulichen Anlagen beträgt
im Gebiet A   10 m
im Gebiet B   3 m
im Gebiet C   8 m
um eine gute Durchlüftung der Hangbebauung zu erreichen. Bezugspunkt ist jeweils der im Wohnweg mittig zu beiden Grundstücksgrenzen gelegene Schnittpunkt."

13.3 Kennzeichnungen

Im B-Plan ist es auch möglich, sog. **Kennzeichnungen** für folgende Flächen aufzunehmen:
a) Flächen, bei deren Bebauung besondere bauliche Vorkehrungen gegen äußere Einwirkungen oder bei denen besondere bauliche Sicherungsmaßnahmen gegen Naturgewalten erforderlich sind (z. B. Lawinengefahrbereiche, Flächen mit Erdrutschgefahren)
b) Flächen, unter denen der Bergbau umgeht (z. B. Kohleabbaugebiete), Flächen, die für den Abbau von Mineralien bestimmt sind (z. B. Quarz-, Gips-, Steinsalzabbaugebiete)
c) Flächen, deren Böden erheblich mit umweltgefährdenden Stoffen belastet sind (z. B. Altablagerungen, Altstandorte von benachbarten GI-Gebieten)

13.4 Nachrichtliche Übernahmen

Schließlich können nach anderen gesetzlichen Vorschriften getroffene Festsetzungen **nachrichtlich übernommen** werden.
Zum Beispiel Denkmäler nach Landesdenkmalschutzrecht

    als Ensembles

    oder

    als Einzeldenkmal

sowie

Schutzgebiete und Schutzobjekte im Sinne des Landesnaturschutzrechts

    Nationalpark

    Naturpark

    Naturschutzgebiet

    Landschaftsschutzgebiet

    Geschützter Landschaftsbestandteil

    Naturdenkmal

14 Entwicklungsgebot

Im Raumordnungs- und Bauplanungsrecht gibt es eine Vielzahl von unterschiedlichen Programmen und Plänen. Damit diese untereinander in Einklang stehen und sich nicht gegenseitig behindern, gelten folgende Leitvorstellungen in Raumordnung, Landesplanung und Bauleitplanung:
- Die übergeordneten Pläne sollen die Anforderungen der darunterliegenden Räume berücksichtigen.
- Die untergeordneten Pläne sollen die dem Einzelraum übergeordneten Ziele und Leitvorstellungen berücksichtigen.

Entsprechend dem hierarchischen Aufbau unseres Gemeinwesens entwickeln sich die Programme und Pläne immer aus dem jeweils höheren unter Beachtung der Gegebenheiten der darunterliegenden.

Tab. 14.1 Entwicklung von Plänen

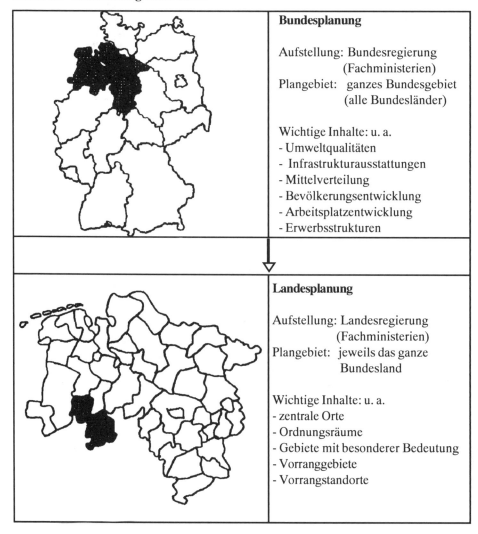

14 Entwicklungsgebot

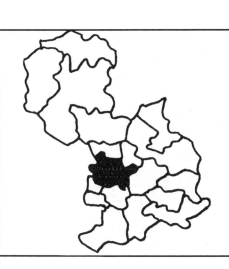

Regionalplanung

Aufstellung: Landkreis
Plangebiet: jeweils das gesamte Landkreisgebiet

Wichtige Inhalte: u. a.
- zentrale Orte
- Vorranggebiete
- Gebiete mit besonderer Bedeutung
- Aufforstungen
- Leitungstrassen
- besondere Standorte

Vorbereitende Bauleitplanung (Flächennutzungsplan)

Aufstellung: Gemeinde
Plangebiet: ganzes Gemeindegebiet

Wichtige Inhalte: u. a.
- Bauflächen
- Hauptverkehrsstraßen
- Grünflächen
- Wasserflächen
- Flächen für die Landwirtschaft
- Wald

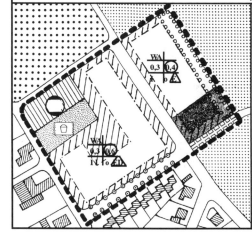

Verbindlicher Bauleitplan (Bebauungsplan)

Aufstellung: Gemeinde
Plangebiet: Teilgebiet der Gemeinde

Wichtige Inhalte: u. a.
- Art der baulichen Nutzung
- Maß der baulichen Nutzung
- überbaubare Grundstücksflächen
- örtliche Verkehrsstraßen

Bauantrag

Aufstellung: Architekt
Plangebiet: Grundstück

Wichtige Inhalte: u. a.
- Lageplan
- Bauzeichnungen
- Baubeschreibung
- Berechnung von GRZ, GFZ, umbauter Raum, Nutz-/Wohnfläche

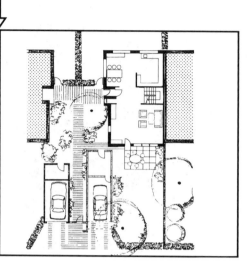

15 Kontrolle der Planung durch Bürger und Gerichte

15.1 Allgemeines

Die öffentliche Gewalt in der Bundesrepublik Deutschland unterliegt der **gerichtlichen Kontrolle** (Art. 19 Abs. 4 GG). Jedermann, der durch die öffentliche Gewalt in seinen Rechten verletzt ist, darf sich an die Gerichte wenden.

In der Bundesrepublik Deutschland gibt es ein umfassendes Rechtsschutzsystem, einen differenzierten Aufbau der Gerichtsbarkeit sowie mehrere Wege zur Überprüfung.

15.2 Direkte Normenkontrolle

Satzungen und Rechtsverordnungen, die nach dem BauGB oder nach BauGB-Maßnahmen erlassen worden sind, können durch **direkte Normenkontrolle** vor dem Oberverwaltungsgericht (OVG) bzw. Verwaltungsgerichtshof (VGH) überprüft werden.

Tab. 15.1   Normenkontrolle

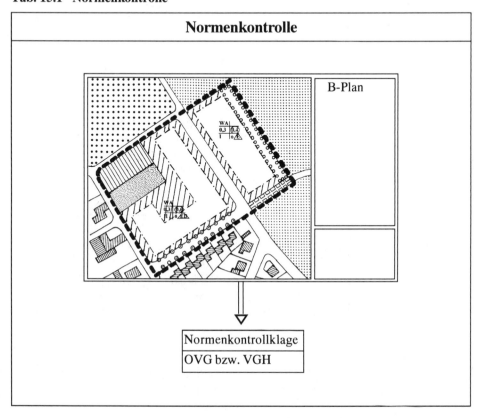

15.3 Inzidentkontrolle

Die **Rechtmäßigkeit eines Verwaltungsaktes** (VA), den der Bürger selbst beantragt hat und der ihn belastet oder der ihm abgelehnt wurde, kann dahin gehend überprüft werden, ob die dem VA zugrundeliegende Satzung rechtmäßig ist (sog. **Inzidentkontrolle**). Der Rechtsstreit beginnt nach einem erfolglosen Widerspruchsverfahren vor dem zuständigen Verwaltungsgericht (VG).

Tab. 15.2 Inzidentkontrolle

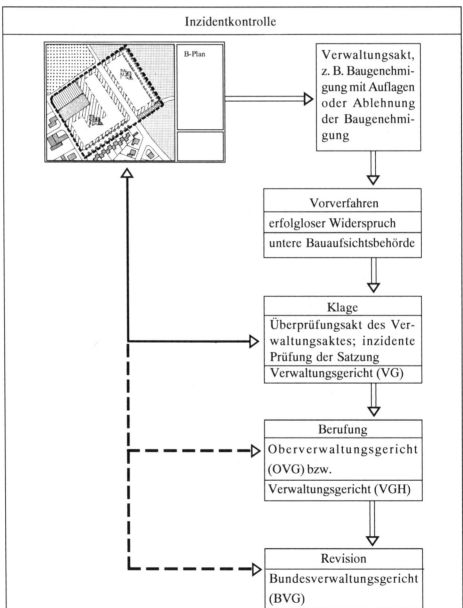

15.4 Wirksamkeitsvoraussetzungen

Es ist nicht auszuschließen, daß Gemeindeverwaltung oder Planungsbüro Fehler bei Verfahrens- und Formvorschriften oder Mängel bei der Abwägung machen. Damit der Bebauungsplan nicht auf Dauer mit dem **Risiko einer eventuellen Nichtigkeit** belastet ist, hat der Gesetzgeber Wirksamkeitsvoraussetzungen in Form von Beachtlichkeitskriterien und Fristabläufen ins BauGB eingeführt.

Tab. 15.3 **Wirksamkeitsvoraussetzungen von Bebauungsplänen** (unvollständig)

	Beachtliche Verletzungen von Rechtsvorschriften nach BauGB (vereinfacht)	Unbeachtliche Verletzungen von Rechtsvorschriften nach BauGB (vereinfacht)
1	Vorschriften über die Beteiligung der Bürger	fehlende erneute öffentliche Auslegung, sofern die Grundzüge der Planung nicht berührt sind
2	Vorschriften über die Beteiligung der TÖB	fehlende Beteiligung einzelner berührter TÖB
3	Vorschriften über den Erläuterungsbericht zum F-Plan	unvollständiger Erläuterungsbericht
4	Vorschriften über die Begründung zum B-Plan	unvollständige Begründung
5	Gemeindlicher Beschluß über den F-Plan	–––
6	Gemeindlicher Satzungsbeschluß über den B-Plan	–––
7	Nicht erteilte Genehmigung	–––
8	Nichterreichung des mit der Bekanntgabe des F-Planes oder B-Planes verfolgten Hinweiszweckes	–––

Tab. 15.4 Fristen für die Geltendmachung von Verletzungen und Mängeln

Fristen für die Geltendmachung von Verletzungen und Mängeln	
1 Jahr	7 Jahre
Verletzung von Verfahrens- und Formvorschriften (1-7 aus vorheriger Tabelle)	Mängel in der Abwägung

Die Fristen für die Geltendmachung der Verletzungen von Verfahrens- und Formvorschriften sowie von Mängeln der Abwägung beginnen mit der Bekanntmachung des F-Planes oder B-Planes. Die Verletzungen sind schriftlich gegenüber der Gemeinde geltend zu machen und zu begründen.

15.5 Überprüfung von Verwaltungsakten

Nicht jede baurechtliche Situation wird durch B-Plan oder Satzung geregelt, so z. B. die Zulässigkeit von Vorhaben im unbeplanten Innenbereich (§ 34 BauGB) oder im Außenbereich (§ 35 BauGB). Auch hier lassen sich **Verwaltungsakte** wie z. B. Baugenehmigungen gerichtlich überprüfen.

Tab. 15.5 Überprüfung eines Verwaltungsaktes

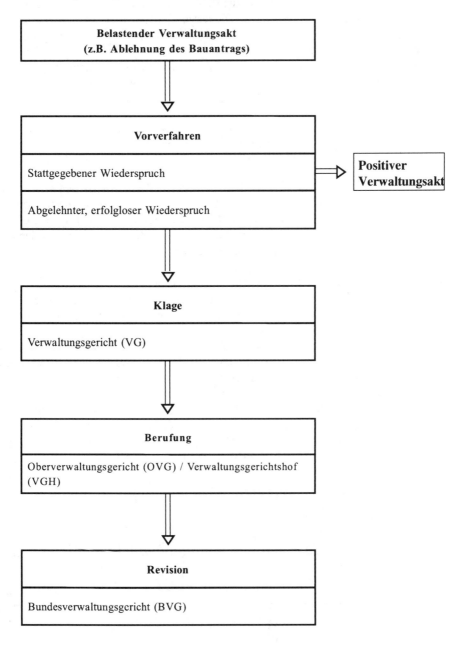

16 Gestaltung baulicher Anlagen

Die Gestaltung baulicher Anlagen gehört zum Bauordnungsrecht. Danach müssen gemäß Musterbauordnung (MBauO) bauliche Anlagen nach Form, Maßstab, Verhältnis der Baumassen und Bauteile zueinander, Werkstoff und Farbe so gestaltet sein, daß sie **nicht verunstalten**.

Weiterhin sind bauliche Anlagen mit ihrer Umgebung derartig in Einklang zu bringen, daß sie das Straßenbild, Ortsbild oder Landschaftsbild nicht verunstalten. Auf die **erhaltenswerten Eigenarten** der Umgebung ist Rücksicht zu nehmen.

In den einzelnen Länderbauordnungen sind darüber hinaus noch sog. **örtliche Bauvorschriften über Gestaltung** enthalten, um bestimmte städtebauliche oder baugestalterische Absichten zu verwirklichen oder um die Eigenart und den Eindruck von Baudenkmalen zu erhalten. So ist es möglich, für Teile des Gemeindegebietes örtliche Bauvorschriften über Gestaltung (ÖBV) zu erlassen, die häufig parallel zum Bebauungsplanverfahren durchgeführt werden!

Die nachfolgenden Skizzen sind beispielhafte Regelungen im Rahmen einer ÖBV.

Regelungen in der ÖBV	- Die Dachneigung beträgt 50-55° für die Bebauung - Soweit die Gebäude nicht unmittelbar aneinandergebaut sind oder werden sollen, sind die Dächer mit einem Walm zu versehen. Der Walm muß in der Höhe der Traufe des Gebäudes beginnen und muß einen Winkel zur Waagerechten zwischen mindestens 70° und höchstens 80° einhalten. - Rückwärtige Anbauten am Hauptgebäude, rückwärtig von der Erschließungsstraße gelegene Teile der Gebäude sowie Nebengebäude müssen mit einer Dachneigung zwischen 0 und 50° errichtet werden.
Begründung für die in der ÖBV vorgeschlagenen Regelungen	Begründungen für die in der ÖBV vorgeschlagenen Regelungen Ein wichtiger Bestandteil der Wohnhäuser der geschlossen wirkenden Wohnsiedlung aus den 30er Jahren ist das weit heruntergezogene, steil geneigte und gewalmte Dach. Seine „Erkennungszeichen" sind die unterschiedlichen Dachneigungen an Schmal- und Breitseiten. Flachdächer sind, auch wenn sie der Bebauungsplan für Anbauten zuläßt, nach Möglichkeit zu vermeiden.
Walmdach-neigung	

Abb. 16.1 ÖBV-Beispiel: Form und Neigung von Dächern

16 Gestaltung baulicher Anlagen

Weitere häufig anzutreffende Dachformen

1. Satteldach
2. Satteldach mit Kniestock (mehr Platz im Dachgeschoß)
3. Walmdach
4. Satteldach mit Krüppelwalm
5. Pultdach
6. versetztes Pultdach
7. Mansarddach
8. Flachdach

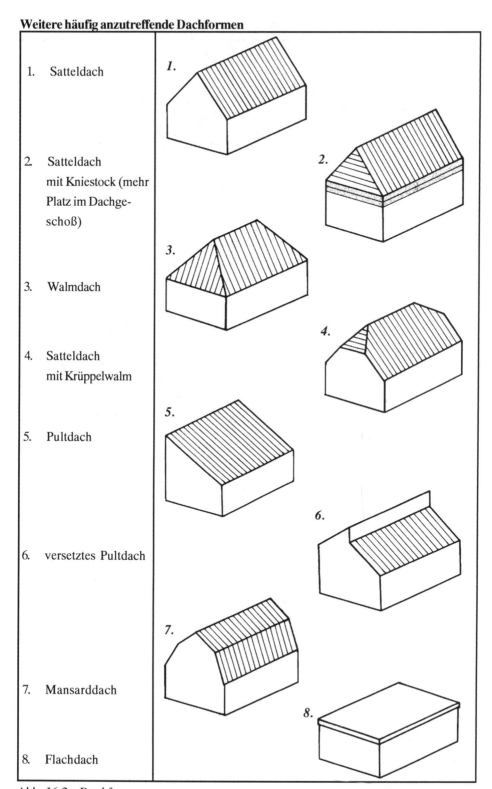

Abb. 16.2 Dachformen

Dachgauben

Schleppgauben

Soweit von der Straße sichtbar, sollen nur Schleppgauben verwendet werden. Ihre Breite darf an der Längsseite der Gebäude höchstens 1,20 m, an der Schmalseite höchstens 2,40 m betragen. Auf dem der Straße abgewandten Dach sind größere Längen möglich.

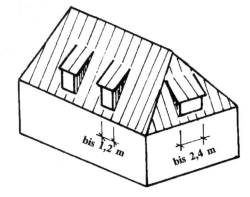

Anordnung der Gauben

Die Verteilung der Schleppgauben auf dem Dach hat insbesondere bei Doppel- und Reihenhäusern symmetrisch zu erfolgen. Der Abstand untereinander beträgt 2a, mindestens jedoch 2,40 m.

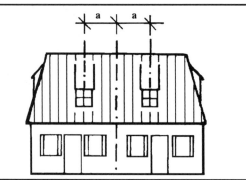

Abb. 16.3 ÖBV-Beispiel: Dachgauben

Fenster

Traditionelles Fensterformat - Stehendes Format mit dem Seitenverhältnis b : h = 1:1,3 - Teilung durch einen breiten Vertikalpfosten und zwei schmale Horizontalsprossen	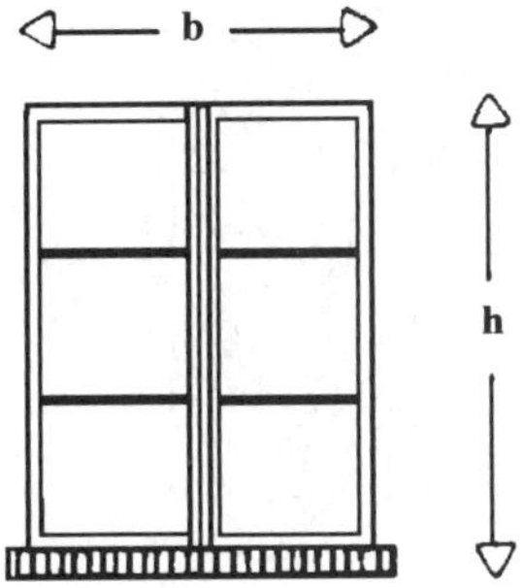
Umbau für rechteckige große Fensterflächen - symmetrische Teilung durch gemauerte Mittelpfosten - Formatierung der Fenster mit Mittelpfosten und Querpfosten	
große Fenster in Neubauten - Verwendung stehender Formate - Aufteilung großer Flächen durch vertikale Pfosten in stehende Formate	
Fensterläden statt Rolläden - Fensterläden in Holz mit ausgesägten Motiven	

Abb. 16.4   ÖBV-Beispiel: Fenster

Türen und Vordächer

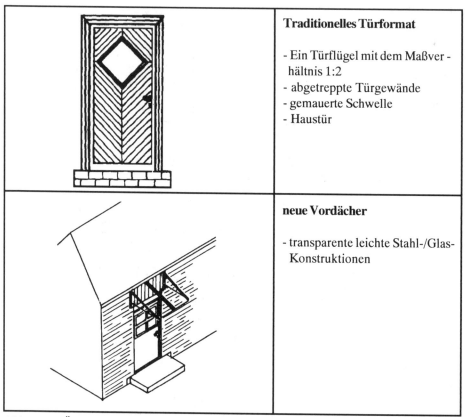

	Traditionelles Türformat - Ein Türflügel mit dem Maßverhältnis 1:2 - abgetreppte Türgewände - gemauerte Schwelle - Haustür
	neue Vordächer - transparente leichte Stahl-/Glas-Konstruktionen

Abb. 16.5 ÖBV-Beispiel: Türen und Vordächer

Farben und Materialien

Regelungen in der ÖBV	- Für Dächer ist rotes Ziegelmaterial (FAL 2001, 2002, 3000, 3003) zu verwenden. - Das Außenmauerwerk ist als rotes Verblendmauerwerk (RAL 2002, 3000, 3002, 3003) herzustellen. Die Verwendung von naturbelassenem Holzmaterial ist auf eine Fläche bis zu 10 % der jeweiligen Fassade oder des jeweiligen Fassadenabschnittes zulässig.
Begründung für die in der ÖBV vorgeschlagenen Regelungen	Rotes Ziegelmauerwerk und naturrote Tonpfannen geben der Siedlung noch heute ein einheitliches, nahezu zeitloses Aussehen. Der geschlossene Charakter droht heute durch die Anwendung verschiedenster Baumaterialien für Umbau- und Erneuerungsmaßnahmen verlorenzugehen. Um das typische Ortsbild der Siedlung zu erhalten, muß wieder mehr Wert auf die Verwendung einheitlicher Grundmaterialien für Wand und Dach gelegt werden. Bei der Gestaltung von Doppelhäusern müssen sich die Nachbarn bei der Farb- und Formvorstellung abstimmen.

Einfriedungen

- Für Einfriedungen zum öffentlichen Verkehrsraum sind nur Hecken aus heimischen Pflanzen (Rotbuche, Hainbuche, Liguster) zulässig.
- Gartentore oder -pforten dürfen nur aus Holz bestehen.

Die bei zahlreichen Grundstücken anzutreffenden Hecken prägen das Erscheinungsbild der Siedlung. Daher soll der Charakter erhalten bleiben. Aus ökologischer Sicht und für das Kleinklima sind Hecken von besonderer Bedeutung.

Abb. 16.6   ÖBV-Beispiel: Einfriedungen

Gestaltung der nichtüberbaubaren Flächen der bebauten Grundstücke

- Bei doppelten Garagenauffahrten ist mittig ein Pflanzstreifen zur Gliederung einzubringen.

- Doppelte Garagenauffahrten wirken nur mit Pflanzstreifen als Gliederung.

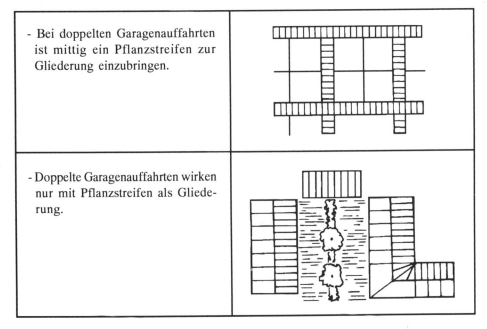

- Die Garagenauffahrten sind entweder mit Rasengittersteinen oder als Spurrinnen auszubilden.

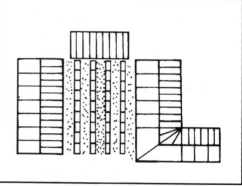

Abb. 16.7 ÖBV-Beispiel: Gestaltung nichtüberbaubarer Flächen

17 Städtebauliche Entwicklungsmaßnahmen

Mit städtebaulichen Entwicklungsmaßnahmen sollen gemäß § 165 Abs. 2 BauGB **Ortsteile** und **andere Teile des Gemeindegebietes** entsprechend ihrer besonderen Bedeutung für die städtebauliche Entwicklung und Ordnung der Gemeinde oder entsprechend der angestrebten Entwicklung des Landesgebietes oder der Region
a) **erstmals entwickelt** werden oder
b) im Rahmen einer städtebaulichen Neuordnung einer **neuen Entwicklung** zugeführt werden

Die Maßnahmen sollen der Errichtung von Wohn- und Arbeitsstätten sowie von Gemeinbedarfs- und Folgeeinrichtungen dienen.

Tab. 17.1 Verfahrensablauf einer städtebaulichen Entwicklungsmaßnahme

	ARBEITSSCHRITTE	BETEILIGTE	RECHTS-GRUNDLAGE
	Vorbereitungsphase		
1	- Beschluß über den Beginn der Voruntersuchungen - Ortsübliche Bekanntmachung in der Tagespresse mit Hinweis auf allgemeine Auskunftspflicht	Gemeinderat	§ 165 Abs. 4 BauGB
2	Voruntersuchungen - Gewinnung von Beurteilungskriterien über die Festlegungsvoraussetzungen (u. a. Überlegungen zu Kosten und Finanzierung, Abgrenzung des Entwicklungsbereiches) - Beteiligung und Mitwirkung der Betroffenen (u. a. Überlegungen zur Bewertung der Grundstücke) - Beteiligung und Mitwirkung öffentlicher Aufgabenträger - Auftrag an Planer oder Entwicklungsträger	Gemeindeverwaltung	§ 165 Abs. 3 und 4 BauGB
3	Satzungsbeschluß - förmliche Festlegung des städtebaulichen Entwicklungsbereiches - Bezeichnung des städtebaulichen Entwicklungsbereiches	Gemeinderat	§ 165 Abs. 6 BauGB
4	Genehmigung - Genehmigung der Entwicklungssatzung durch höhere Verwaltungsbehörde - ortsübliche Bekanntmachung der Entwicklungssatzung mit Erteilung der Genehmigung in der Tagespresse	Gemeindeverwaltung	§ 165 Abs. 7 und 8 BauGB

ARBEITSSCHRITTE	BETEILIGTE	RECHTS-GRUNDLAGE
Durchführungsphase		
1 Aufstellung von Bebauungsplänen	Gemeindeverwaltung oder Entwicklungsträger	§ 166 Abs. 1 BauGB
2 Erwerb von Grundstücken	Gemeindeverwaltung oder Entwicklungsträger	§ 166 Abs. 3 BauGB
3 Kosten- und Finanzierungsübersicht	Gemeindeverwaltung	§ 171 Abs. 2 BauGB
4 Rückveräußerung von Grundstücken mit Wertabschöpfung	Gemeindeverwaltung	§ 169 BauGB
5 Erschließung des Entwicklungsgebietes	Gemeindeverwaltung oder Erschließungsträger	§ 169 BauGB
6 Bebauung durch private Eigentümer oder durch den Entwicklungsträger	Bürger, Entwicklungsträger	§ 169 BauGB
7 Erhebung von Ausgleichsbeträgen	Gemeindeverwaltung	§ 169 BauGB
8 Beschluß über die Aufhebung der städtebaulichen Entwicklung - ortsübliche Bekanntmachung in der Tagespresse	Gemeinderat	§ 169 BauGB

18 Stichwortverzeichnis

A

Abstandsflächen von Gebäuden	Kap. 9 , Abb. 9.1 - 9.4
abweichende Bauweise	Kap. 7.4 , Abb. 7.9 - 7.10
allgemeine Wohngebiete	Kap. 5.2.1 u. 5.2.13
Außenbereich - Zulässigkeit von Vorhaben	Kap. 4.1 , Abb. 4.1 u. 4.2

B

Bauflächen im Flächennutzungsplan	Kap. 5.1
Baugebiete im Bebauungsplan	Kap. 5.2.1 - 5.2.4
Baugrenze	Kap. 8.3 , Abb. 8.2
Bauleitplanverfahren	Kap. 11 , Tab. 11.1
bauliche Dichte	Kap. 6.1 , Abb. 6.1
Baulinie	Kap. 8.2 , Abb. 8.1
Baumassenzahl	Kap. 6.1 u. 6.5
Bauplanungsrechtliche Bereiche - Übersicht	Kap. 1 , Abb. 1.1 u. 1.2
Bautiefe	Kap. 8.4 , Abb. 8.3
Bauweise	Kap. 7
Bauwich	Kap. 7.2 u. 7.4 , Abb. 7.1 - 7.5 u. 7.9 - 7.10
Bebauungsplan	Kap. 3.2 , 3.3 u. 14 u. Tab. 14.1
begünstigtes Vorhaben im Außenbereich	Kap. 4.4 , Tab. 4.5
beplanter Innenbereich	Kap. 3.1 , Abb. 3.1
besondere Wohngebiete	Kap. 5.2.1 u. 5.2.1.4
Bundesplanung	Kap. 14 , Tab. 14.1

C

Campingplätze	Kap. 5.2.4 u. 5.2.4.1

D

Dorfgebiete	Kap. 5.2.2 u. 5.2.2.1

E

einfacher Bebauungsplan	Kap. 3.3
Einkaufszentren	Kap. 5.2.4.2
Entwicklungsgebot	Kap. 14 , Tab. 14.1

F

Ferienhausgebiete	Kap. 5.2.4 u. 5.2.4.1
Flächennutzungsplan	Kap. 14 , Tab. 14.1

G

geschlossene Bauweise	Kap. 7.3 , Abb. 7.6 - 7.8
Geschoßflächenzahl	Kap. 6.1 u. 6.4 , Abb. 6.5 - 6.7
Gewerbegebiete	Kap. 5.2.3 u. 5.2.3.1
gewerbliche Bauflächen	Kap. 5.1 u. 5.2.3
Gliederung und Aufteilung von Baugebieten	Kap. 5.3

großflächige Einzelhandelsbetriebe..Kap. 5.2.4.2
großflächige Handelsbetriebe...Kap. 5.2.4.2
Grundflächenzahl...Kap. 6.1 u. 6.3 , Abb. 6.3 - 6.4

H
Höhe baulicher Anlagen...Kap. 6.1 u. 6.2 , Abb. 6.2

I
Industriegebiete...Kap. 5.2.3 u. 5.2.3.2
Inzidentkontrolle...Kap. 15.3 , Abb. 15.2

K
Kerngebiete..Kap. 5.2.2 u. 5.2.2.3
Kleinsiedlungsgebiete..Kap. 5.2.1 u. 5.2.1.1

L
Landesplanung...Kap. 14 , Tab. 14.1

M
Maß der baulichen Nutzung..Kap. 6.1
Mindestfestsetzungen für einen qualifizierten B-plan........Kap. 3.1 u. 3.2 , Tab. 3.1
Mischgebiete...Kap. 5.2.2 u. 5.2.2.2

N
Nebenanlagen..Kap. 8.5
Normenkontrollklage..Kap. 15.2 , Abb. 15.1

O
offene Bauweise...Kap. 7.2 u. Abb. 7.1 - 7.5

P
privilegiertes Vorhaben im Außenbereich..............................Kap. 4.2 , Abb. 4.3

Q
qualifizierter Bebauungsplan..Kap. 3.1 u. 3.2

R
Regionalplanung..Kap. 14 , Tab. 14.1
reine Wohngebiete..Kap. 5.2.1 u. 5.2.1.2

S
Sonderbauflächen..Kap. 5.1 u. 5.2.4
Sonderbaugebiete...Kap. 5.2.4
Sondergebiete die der Erholung dienen...........................Kap. 5.2.4 u. 5.2.4.1
sonstige Sondergebiete...Kap. 5.2.4 u. 5.2.4.2
sonstiges Vorhaben im Außenbereich.....................................Kap. 4.3 , Abb. 4.4
städtebauliche Entwicklungsmaßnahme..............................Kap. 17 , Tab. 17.1

U

überbaubare Grundstücksfläche...Kap. 8.1
Überprüfung eines Bauantrages......................................Kap. 15.5 , Tab. 15.5
unbeplanter Innenbereich mit Gebietscharakter................Kap. 2.2 , Abb. 2.2
unbeplanter Innenbereich ohne Gebietscharakter.............Kap. 2.3 , Abb. 2.3
unbeplanter Innenbereich - Zulässigkeit von Vorhaben....Kap. 2.1 , Abb. 2.1

V

verbindliche Bauleitplanung...Kap. 14 , Tab. 14.1
Vollgeschoße..Kap. 10 , Abb. 10.1 - 10.3
vorbereitende Bauleitplanung..Kap. 14 , Tab. 14.1

W

Wirksamkeitsvoraussetzungen von B-plänen..............Kap. 15.4 , Tab. 15.3 u. 15.4
Wochenendhausgebiete...Kap. 5.2.4 u. 5.2.4.1
Wohnbauflächen..Kap. 5.1 u. 5.2.1

vom selben Autor:

van Schayck

Ökologisch orientierter Städtebau

1996. 288 Seiten 17 x 24 cm, kartoniert
DM 65,–/öS 475,–/sFr 65,–
ISBN 3-8041-3456-4

Ökologische Qualitäten sind bislang nur selten im Städtebau zu finden. Denn liebgewordene Verhaltensweisen, anerkannte technische Regeln und überholte Rechtsvorschriften stehen häufig einer Erneuerung im Städtebau entgegen. Die Sicherung einer menschenwürdigen Umwelt, eine geordnete Entwicklung, der Schutz humaner Lebensgrundlagen sowie eine sozialgerechte Bodennutzung werden in diesem Werk als städtebauliche Leitziele herausgestellt. Denn die Möglichkeiten, den Städtebau als Instrument des vorsorgenden Umweltschutzes und einer menschengerechten Lebensgestaltung zu nutzen, sind als eine große Herausforderung zu begreifen.

Damit die ökologischen Aspekte entsprechend umgesetzt werden können, sind instrumentelle, gesetzliche und verfahrensmäßige Grundlagen im Städtebau notwendig. Sie werden im Anhang eingehend dargestellt und kritisch beleuchtet.

Die klare Gliederung ermöglicht ein rasches und zielgenaues städtebaulich-ökologisches Handeln.

Erhältlich im Buchhandel oder direkt beim

Werner Verlag
Postfach 10 53 54, 40044 Düsseldorf
Telefon (02 11) 3 87 98-0, Fax (02 11) 38 31 04

vom selben Autor:

van Schayck

Städtebaupraxis

Verfahren, Elemente, Begriffsbestimmungen

WIT, 1998. 144 Seiten 17 x 24 cm, kartoniert
DM 54,–/öS 394,–/sFr 54,–
ISBN 3-8041-3466-1

Das Handbuch ist aus dem Bedürfnis der in der Stadtplanung Tätigen erwachsen, möglichst schnell, prägnant und fachlich fundiert über die wesentlichen Sachverhalte informiert zu werden.

Nur selten haben Stadtplaner Zeit, umfangreiche Kommentierungen oder Facherläuterungen zu städtebaulichen Verfahren oder Regelwerken nachzulesen. Daher hat ein an der städtebaulichen Front erfolgreich gearbeiteter Praktiker ein Handbuch erstellt, das auf die häufig wiederkehrenden Sachverhalte in der Stadtplanung die erforderlichen Antworten gibt.

Anwendungsbezogene schematische Darstellungen erleichtern dabei die strukturellen Verfahrensschritte bzw. verdeutlichen die wesentlichen städtebaulichen Fachbegriffe.

Das Handbuch bietet die Möglichkeit, sich mit neuen Verfahrensschritten und Elementen vertraut zu machen und bei Bedarf anzuwenden.

Erhältlich im Buchhandel   *Werner Verlag*
oder direkt beim
Postfach 10 53 54, 40044 Düsseldorf
Telefon (02 11) 3 87 98-0, Fax (02 11) 38 31 04